Projeto Ápis

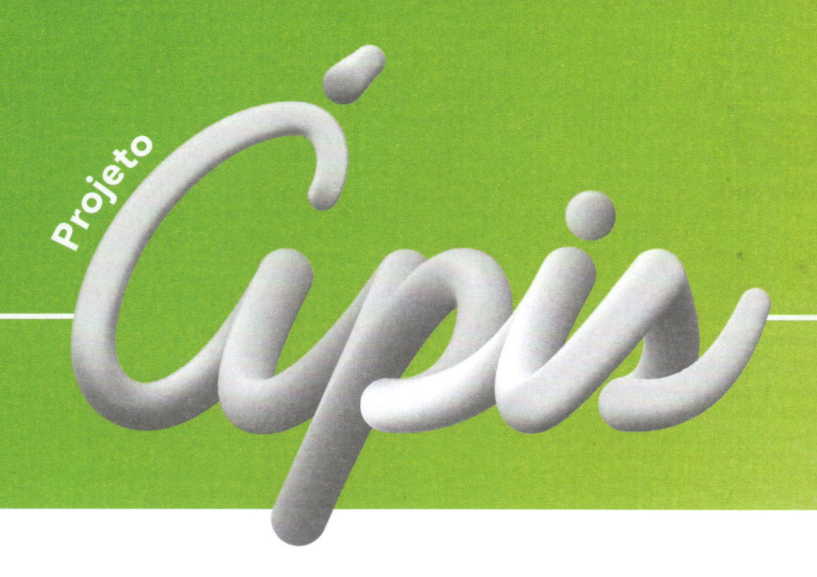

ANNA MARIA CHARLIER

Bacharela e licenciada em História pela Universidade de São Paulo (USP).
Bacharela e licenciada em Geografia pela USP. Ex-professora, diretora e supervisora dos Ensinos Fundamental e Médio nas redes pública e particular do estado de São Paulo.

MARIA ELENA SIMIELLI

Bacharela e licenciada em Geografia pela Universidade de São Paulo (USP).
Professora doutora em Geografia e professora livre-docente do Departamento de Geografia – Pós-graduação, USP.
Ex-professora dos Ensinos Fundamental e Médio nas redes pública e particular do estado de São Paulo.

HISTÓRIA

3º ANO
Ensino Fundamental

editora ática

editora ática

Presidência: Mario Ghio Júnior
Direção editorial: Lidiane Vivaldini Olo
Gerência editorial: Viviane Carpegiani
Gestão de área: Tatiany Renó
Edição: Luciana Nicoleti (coord.) e Érica Lamas
Planejamento e controle de produção: Flávio Matuguma, Juliana Batista, Felipe Nogueira, Juliana Gonçalves e Anny Lima
Revisão: Kátia Scaff Marques (coord.), Brenda T. M. Morais, Claudia Virgilio, Daniela Lima, Malvina Tomáz e Ricardo Miyake
Arte: André Gomes Vitale (ger.), Catherine Saori Ishihara (coord.), Nicola Loi (edição de arte)
Iconografia e tratamento de imagem: André Gomes Vitale (ger.), Claudia Bertolazzi e Denise Durand Kremer (coord.), Tempo Composto (pesquisa iconográfica), Fernanda Crevin (tratamento de imagens)
Licenciamento de conteúdos de terceiros: Roberta Bento (gerente), Jenis Oh (coord.), Liliane Rodrigues, Flávia Zambon e Raísa Maris Reina (analistas de licenciamento)
Ilustrações: Bentinho, Vanessa Alexandre, Ilustra Cartoon, Rodval Matias
Cartografia: Eric Fuzii (coord.) e Robson Rosendo da Rocha
Design: Talita Guedes da Silva (proj. gráfico e capa)
Ilustração de capa: Barlavento Estúdio
Logotipo: Saulo Dorico

Todos os direitos reservados por Somos Sistemas de Ensino S.A.
Avenida Paulista, 901, 6º andar – Bela Vista
São Paulo – SP – CEP 01310-200
http://www.somoseducacao.com.br

Dados Internacionais de Catalogação na Publicação (CIP)

```
Charlier, Anna Maria
   Projeto Ápis : História : 1º ao 5º ano / Anna Maria
Charlier, Maria Elena Simielli. -- 4. ed. -- São Paulo :
Ática, 2020.
   (Projeto Ápis ; vol. 1 ao 5)

   Bibliografia

   1. História (Ensino fundamental) Anos iniciais I. Título
II. Simielli, Maria Elena III. Série
                                          CDD 372.89
20-1297
```

Angélica Ilacqua - Bibliotecária - CRB-8/7057

2024
Código da obra CL 750411
CAE 721280 (AL) / 721281 (PR)
ISBN 9788508195626 (AL)
ISBN 9788508195633 (PR)
4ª edição
8ª impressão
De acordo com a BNCC.

Impressão e acabamento Gráfica Elyon

Uma publicação **SOMOS** EDUCAÇÃO

plurall

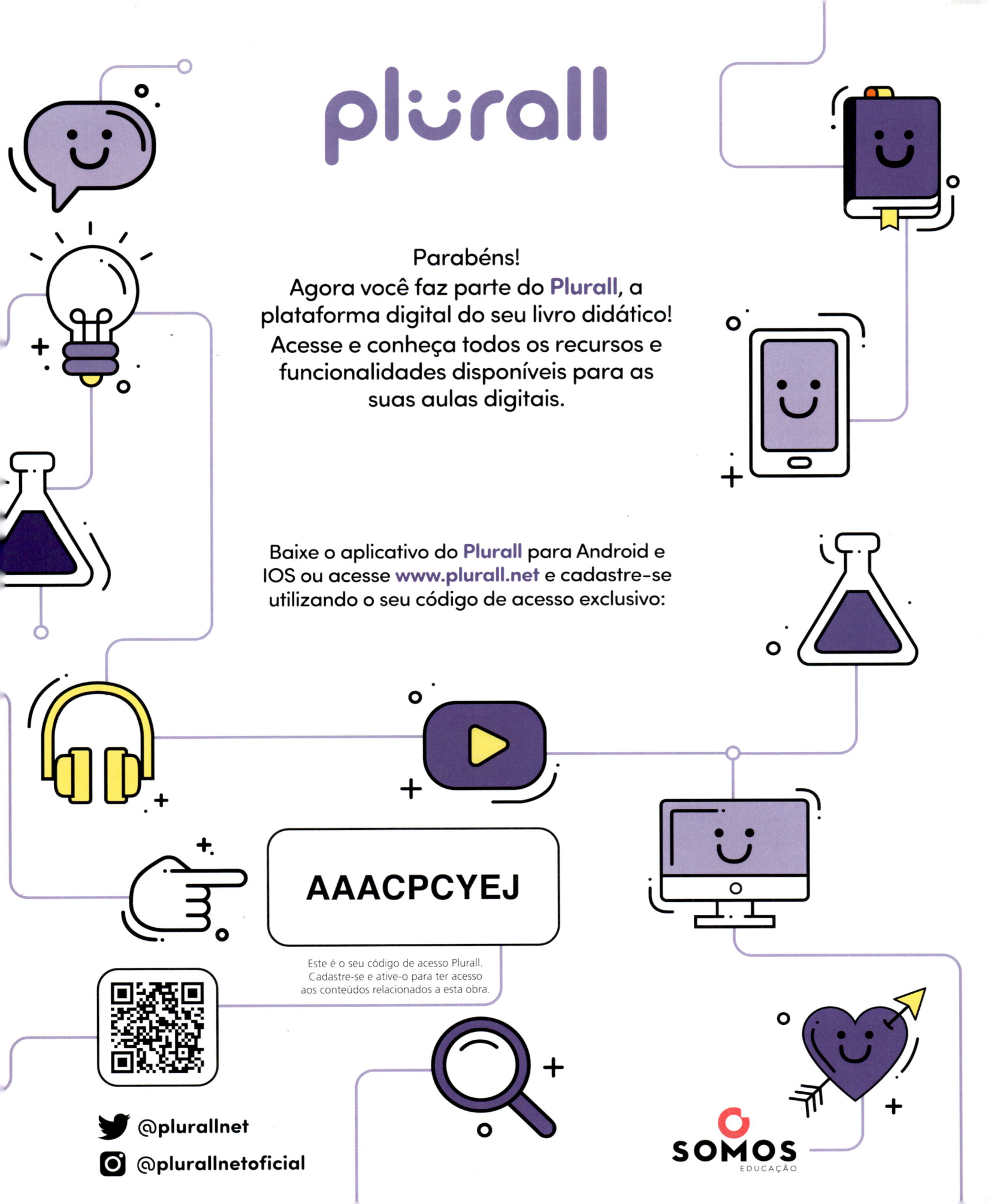

Parabéns!
Agora você faz parte do **Plurall**, a plataforma digital do seu livro didático!
Acesse e conheça todos os recursos e funcionalidades disponíveis para as suas aulas digitais.

Baixe o aplicativo do **Plurall** para Android e IOS ou acesse **www.plurall.net** e cadastre-se utilizando o seu código de acesso exclusivo:

AAACPCYEJ

Este é o seu código de acesso Plurall.
Cadastre-se e ative-o para ter acesso aos conteúdos relacionados a esta obra.

@plurallnet
@plurallnetoficial

SOMOS EDUCAÇÃO

Apresentação

Caro aluno,

Com este livro queremos convidar você a aprender História de maneira prazerosa.

Você vai viajar no tempo por meio de textos e de imagens, localizando e relacionando fatos em diferentes momentos históricos. Assim, você vai refletir sobre a própria história, comparando suas experiências com as vividas por outras pessoas em diferentes espaços e tempos.

O presente traz marcas do passado, assim como o futuro terá marcas do presente. Por isso, é importante estudar o passado para compreender o mundo em que vivemos. Como você vai perceber, a história é viva.

Estudar e compreender a História é um grande passo para você se tornar um cidadão participante do lugar onde vive e das transformações da sua comunidade.

Vamos juntos?

As autoras

Conheça seu livro

Este livro contém quatro unidades. Cada unidade tem dois capítulos.

Abertura de unidade
No início de cada unidade há uma ilustração e algumas questões para despertar o seu interesse pelo tema que será estudado.

Abertura de capítulo
Imagens, textos e atividades orais estimulam você a conversar com os colegas sobre os assuntos que serão estudados.

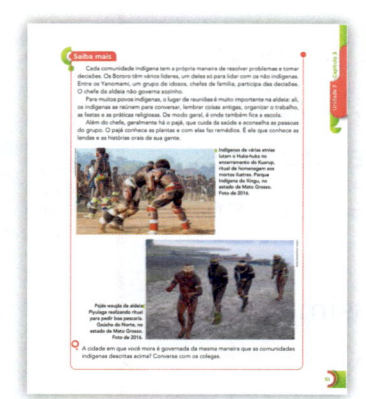

Saiba mais
Textos, imagens e atividades para você ampliar seus conhecimentos e aguçar a sua curiosidade.

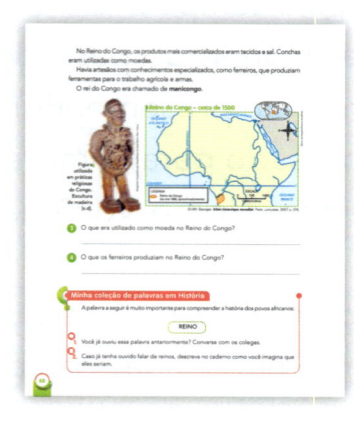

Para facilitar a compreensão dos textos, o significado de algumas palavras será apresentado na própria página: no **vocabulário**.

Minha coleção de palavras em História
Ao longo dos capítulos e ao final de cada unidade, você vai encontrar atividades que exploram o contexto e o sentido de algumas palavras importantes para a disciplina.

Com a palavra...
Entrevistas com diferentes profissionais farão você perceber que o conhecimento também pode ser adquirido além dos livros.

Assim também aprendo
Histórias em quadrinhos, tirinhas e brincadeiras vão ajudar no seu aprendizado.

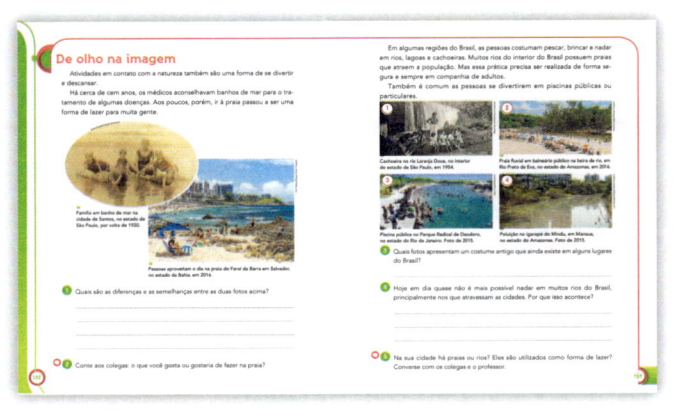

De olho na imagem
Você sabia que imagens também são fontes históricas? Nesta seção, você vai aprender História por meio da leitura de imagens.

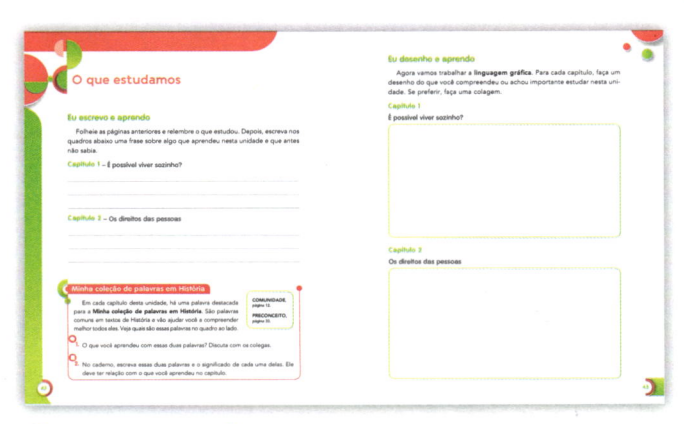

O que estudamos
É o encerramento da unidade de estudo. Aqui você vai trabalhar a escrita e o desenho, retomar o que foi estudado, bem como refletir sobre o que aprendeu.

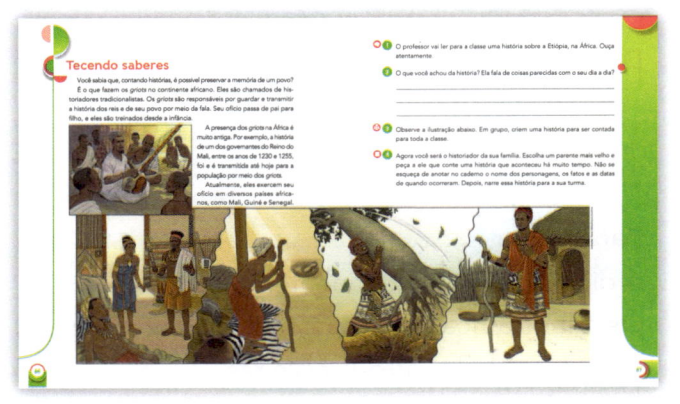

Tecendo saberes
Aqui você vai entrelaçar os conhecimentos da História com os saberes de outras disciplinas.

Glossário
No final do livro você encontra o significado de palavras destacadas no texto, importantes para o estudo de História.

Material complementar
Acompanha o livro do aluno:

Ápis divertido
Jogos que exploram os temas estudados e imagens para você utilizar em algumas atividades do livro.

Caderno de atividades
Atividades para você praticar o que aprendeu em cada unidade.

Ícones

- Atividade oral
- Atividade em grupo
- Atividade em dupla
- Atividade no caderno
- Pesquise

Sumário

UNIDADE 1 — Viver em grupo 8

Capítulo 1
É possível viver sozinho? 10
Para iniciar 10
A união faz a força 11
Diferentes, porém iguais
na vida comunitária 17
Manifestações culturais nas
comunidades 24

Capítulo 2
Os direitos das pessoas 28
Para iniciar 28
Direitos iguais para todos 29
Serviços e direitos básicos nas cidades..... 35
Tecendo saberes 40
O que estudamos 42

UNIDADE 2 — As comunidades fazem História 46

Capítulo 3
Os primeiros moradores do Brasil 48
Para iniciar 48
As comunidades indígenas.................... 49
O respeito às comunidades indígenas....... 56
De olho na imagem 58

Capítulo 4
A herança africana 62
Para iniciar 62
A diversidade do continente africano......... 63
Os reinos africanos do passado 66
As comunidades afro-brasileiras 70
Tecendo saberes 72
O que estudamos 74

UNIDADE 3 — A cidade em que se vive ... 78

**Capítulo 5
Conservar a memória cultural** ... 80

Para iniciar ... 80
Os lugares de memória ... 81
Tecendo saberes ... 86
Memória e museus ... 89

**Capítulo 6
A formação cultural** ... 94

Para iniciar ... 94
As comunidades da cidade e a memória ... 95
Os diferentes modos de vida ... 100
O que estudamos ... 106

UNIDADE 4 — Trabalhar e viver ... 110

**Capítulo 7
O trabalho através do tempo** ... 112

Para iniciar ... 112
O uso da tecnologia no trabalho ... 113
Os espaços de circulação na cidade ... 123
Tecendo saberes ... 128

**Capítulo 8
A vida não é só trabalho...** ... 130

Para iniciar ... 130
Formas de lazer ... 131
De olho na imagem ... 132
Do circo à internet ... 138
O que estudamos ... 146

Glossário ... 150
Bibliografia ... 152

Unidade

1 Viver em grupo

AMOR UNIÃO PAZ

- O que as crianças da imagem estão fazendo?
- Você costuma fazer algum tipo de atividade em grupo? Qual?
- Na sua opinião, o que é importante para que as pessoas possam realizar alguma atividade juntas?

Capítulo 1

É possível viver sozinho?

Quem gosta de ficar sozinho?

Para iniciar

Leia o poema abaixo com o professor.

O Menino Maluquinho

[...]
E chorava escondido
se tinha tristezas
e ficava sozinho
brincando no quarto
semanas seguidas
fazendo batalhas
fazendo corridas
desenhando mapas
de terras perdidas
inventando estrelas
e foguetes espaciais.
[...]

ZIRALDO. **O Menino Maluquinho**. São Paulo: Melhoramentos, 2008.

1. O que fazia o Menino Maluquinho quando ficava triste?

2. Você gosta de ficar sozinho ou prefere estar em grupo? Fale sobre isso.

🍎 A união faz a força

> A definição das palavras destacadas está no **Glossário**, páginas 150 e 151.

Os seres humanos dependem uns dos outros para viver. Juntos conseguem construir uma vida melhor, por isso formam grupos. Sua família e sua turma da escola, por exemplo, são grupos sociais dos quais você faz parte.

1 Observe as fotos e responda às questões a seguir.

Família inuíte faz uso de veículos adequados para transporte na neve, no Canadá. Foto de 2014.

Indígenas waujás pescando na Terra Indígena Batovi, em Gaúcha do Norte, no estado de Mato Grosso. Foto de 2016.

a) Que diferenças você observa entre as cenas retratadas nessas fotografias?

b) De que imagem você gosta mais? Por quê?

2 Descreva para os colegas as pessoas que vivem com você. Depois, desenhe essas pessoas.

São vários os motivos que levam as pessoas a se unirem. Na família, por exemplo, as pessoas estão ligadas por laços afetivos, pelo parentesco, pelo apoio **mútuo**, pela convivência e por dividirem o mesmo espaço.

Nas relações de amizade as pessoas estão unidas por laços afetivos e também por interesses comuns.

Você, sua família, seus amigos, seus vizinhos e as pessoas da rua e do bairro onde você mora também formam um grupo social, vivendo em uma **comunidade**. A comunidade pode ainda ser formada pelas pessoas de um bairro, de uma cidade, de uma aldeia indígena, de um conjunto de casas no campo ou até de uma região ou regiões de um país.

3 Observe a fotografia abaixo e responda às questões.

mútuo: recíproco; aquilo que vale para ambos.

mutirão: trabalho feito em grupo, gratuitamente, para ajudar um membro do lugar onde se vive.

Mutirão para construção de casa em Caturama, no estado da Bahia. Foto de 2014.

a) O que as pessoas da imagem estão fazendo? Que objetivo elas têm em comum?

b) O que aconteceria se elas não trabalhassem juntas?

Minha coleção de palavras em História

Neste capítulo há uma palavra muito importante para o estudo de História:

COMUNIDADE

1. Procure neste capítulo uma frase com a palavra **comunidade**. Discuta-a com seus colegas.

2. Escreva uma frase com a palavra **comunidade**.

Os grupos sociais aos quais pertencemos não são permanentes. Muitas mudanças podem ocorrer com o passar do tempo. Na sua família, por exemplo, pode nascer um irmão ou um dos avós passar a morar na sua casa. Na escola, sempre há um novo colega ou alguém que se muda para outra escola. O mesmo acontece na cidade onde vivemos.

4 Houve mudanças no seu grupo social escolar nos últimos tempos? Quais?

_____
_____
_____
_____

5 E em sua família, ocorrem mudanças? Quais?

_____
_____
_____

Os grupos sociais e seus objetivos

Em alguns grupos sociais, o que une as pessoas são os objetivos comuns, como, por exemplo, viver valorizando a solidariedade e o respeito mútuo.

A Comunidade da Maré, na cidade do Rio de Janeiro, por exemplo, criou um museu para preservar a memória e afirmar a identidade de seus moradores. Muitos dos moradores do bairro da Maré são migrantes que vieram do Nordeste e de outros estados do Sudeste, como Minas Gerais. Parte do acervo do museu foi doada pela própria comunidade, incluindo seus depoimentos pessoais.

1 Leia o texto abaixo, extraído do *site* do Museu da Maré. Depois, responda às perguntas.

> Muitos chegaram no **pau de arara**
> Outros vieram numa terceira do **Ita**
>
> Rodoviária, lugar do desembarque de quem ainda chega
> Lugar de um novo começo
>
> Ingá de Bacamarte, Codó, Sapé
> Campina Grande, Serra Branca, Ipu
> Cachoeira Alegre, São Fidelis, Ubá...
> Tantas cidades e pessoas...
> Saudades, expectativas, esperanças, memórias
> Diferentes tempos que aqui se encontram.

Tempo da migração. **Exposição Os 12 tempos – Museu da Maré**. Disponível em: <www.museudamare.org.br/index.php?option=com_content&view=article&id=56&Itemid=69>. Acesso em: 2 dez. 2019.

- **pau de arara:** caminhões usados para transportar pessoas. Atualmente esse tipo de transporte é proibido por lei.
- **ita:** tipo de embarcação que fazia a navegação costeira, ligando as áreas do litoral, do norte ao sul do Brasil. Era utilizado para transportar mercadorias e pessoas.

a) Como os moradores do bairro da Maré chegavam antigamente à cidade do Rio de Janeiro?

b) E hoje, como eles continuam a chegar?

2 Em grupo e sob a orientação do professor, procurem na internet: em quais estados do Brasil ficam as cidades citadas no texto? Respondam no caderno.

3 Navegue pela página do Museu da Maré na internet e depois discuta com os colegas: Quais são as principais atividades desse museu?

Outro exemplo de grupo social que se uniu por um objetivo comum é a rádio Bicuda FM, que existe oficialmente desde 2008 e foi criada pela ONG Bicuda Ecológica, no bairro de Vaz Lobo. Em bairros mais afastados do centro da cidade do Rio de Janeiro, conhecidos popularmente como "subúrbio", os moradores criam alternativas aos meios de comunicação tradicionais e resolvem seus problemas por conta própria.

Rádio comunitária da comunidade ribeirinha de Cabeceira do Amorim, em Santarém, no estado do Pará. Foto de 2017.

Os objetivos da rádio comunitária são promover a educação ambiental na região e abrir espaço para a comunicação e a expressão cultural nos bairros do subúrbio.

Alguns moradores participam ativamente da rádio, com programas próprios. A rádio comunitária é um importante canal de comunicação para os moradores, pois aborda assuntos que nem sempre são tratados por outros veículos de comunicação.

4) Qual é a importância da rádio Bicuda FM para os moradores do subúrbio do Rio de Janeiro?

___

5) Você conhece alguma organização de moradores parecida no seu bairro ou na sua cidade?

___

6) Quais problemas no seu bairro ou região você e seus colegas de escola poderiam se organizar para resolver?

Os grupos sociais deixam marcas

Atualmente, a maior parte da população brasileira mora em cidades – grandes, pequenas, próximas ou distantes de áreas rurais. Em uma cidade pode haver vários grupos sociais.

Os grupos sociais deixam suas marcas nas cidades, que crescem e se modificam com o tempo. Dentro das cidades, a vida comunitária continua sendo formada pelo dia a dia das pessoas que nela vivem e trabalham.

Brasília, a capital do Brasil, foi fundada em 1960, mas para ser construída recebeu muitos migrantes, vindos de todas as partes do país. Esse migrantes criaram ali uma nova vida comunitária.

1 Leia o texto a seguir sobre bancas de jornal na cidade de Brasília.

Nossa história nas banquinhas de jornal

Quantas histórias habitam uma banquinha de jornal... [...]

Na banca, trocamos figurinhas em todos os sentidos. Sempre rola um papo sobre política, futebol, o calor do dia, o preço da gasolina... Rola piada, desabafo, fofoca.

[...]

As banquinhas de jornal sobrevivem com dificuldade. Tentam se reinventar, oferecer novos produtos, atrativos e serviços. Mas muitas não estão resistindo. [...]

Outra referência na cidade, [...] é a banca da 308 Sul. [...] Lá, ocorrem os deliciosos sábados temáticos, com lançamentos de livros, cafezinho, rodas de conversa fiada, criativa, intelectual, cultural, enfim, para todos os gostos.

[...]

Essas iniciativas deveriam receber mais apoios e incentivos, pois têm como produto mais precioso a preservação da nossa memória e a síntese da vida de quadra, da vida comunitária, de vizinhança. O que torna a cidade viva e interligada.

Quando uma banquinha fecha, um pedacinho da cidade morre junto.

SALLUM, Samanta. Nossa história nas banquinhas de jornal. In: **Olhar Brasília**. Disponível em: <www.olharbrasilia.com/2017/09/19/nossa-historia-nas-banquinhas-de-jornal/>. Acesso em: 2 dez. 2019.

a) Converse com os colegas: Por que lugares como as bancas de jornal são importantes para a vida comunitária de uma cidade como Brasília?

b) Na sua cidade há lugares como esses, onde as pessoas podem se encontrar e conversar?

Diferentes, porém iguais na vida comunitária

As pessoas de uma comunidade podem ser diferentes no tipo de cabelo, na cor da pele, na altura e em muitas outras características.

Elas nem sempre têm as mesmas opiniões, religião, o mesmo comportamento ou a mesma maneira de ser.

Mas, mesmo quando são muito diferentes entre si, as pessoas podem fazer parte de uma comunidade ou um grupo social e todas devem ser respeitadas.

1 Forme dupla com um colega e leia o texto a seguir. Depois, juntos, respondam às perguntas.

Diferente de ser igual

Pronto: ser diferente — que mistério é esse, ser diferente? Todo mundo é? Ou todo mundo é igual?

Tem gente que é igualzinha: os gêmeos univitelinos. Mas não inteirinha igual.

E tem gente parecida. Sempre tem alguém que diz que conhece uma pessoa muito parecida comigo.

Então tem os parecidos. E tem então os diferentes.

Mas os diferentes sempre têm seus parecidos, e então não são diferentes. São parecidos com os diferentes.

LIMA, Heloisa Pires. **Histórias da Preta**. São Paulo: Companhia das Letrinhas, 2006.

a) Em que você e seu colega se assemelham?

_____
_____
_____

b) Em que vocês são diferentes?

_____
_____
_____

c) Converse com os colegas: A qual comunidade vocês todos pertencem?

As diferenças são percebidas quando pessoas com outros costumes e outras histórias de vida convivem. Em um mesmo lugar é comum haver pessoas que falam línguas diferentes e têm alimentação e costumes que não são os mesmos das outras. Às vezes, elas ou seus antepassados vieram de outras regiões ou de outros países, ou ainda podem ser descendentes de povos indígenas.

Os estrangeiros que moram no Brasil trazem consigo características e hábitos de seu país de origem e podem repassar muitos deles para seus descendentes. Mas, como todos os outros brasileiros, fazem parte da comunidade em que escolheram viver no Brasil.

A imigração alemã para o Brasil iniciou-se há cerca de 200 anos. Na foto, descendentes de alemães participam de festa tradicional da comunidade, em Blumenau, no estado de Santa Catarina, em 2015.

Uma das maiores comunidades de estrangeiros na cidade de São Paulo é a dos imigrantes bolivianos, que ao mesmo tempo mantém sua cultura e procura se integrar à vida comunitária da cidade. Na foto, comemoração do aniversário da independência da Bolívia, em São Paulo, no estado de São Paulo, em 2017.

2 Converse com os colegas e, depois, responda às questões a seguir.

a) Onde você mora há pessoas ou grupos que vieram de outro país?

_____
_____
_____
_____

b) Você conhece pessoas que se comunicam em outras línguas, diferente do português? Quais são essas línguas?

_____
_____

3 Observe as imagens 1 e 2 da página anterior e responda às perguntas a seguir.

a) Observando as duas imagens, podemos dizer que essas pessoas participam de algum grupo social específico? Quais?

_____
_____

b) Nas duas imagens essas comunidades estão participando de comemorações típicas do seu grupo social. Você acha importante manter esse tipo de tradição? Por quê?

_____
_____
_____

c) A comunidade em que você vive também faz comemorações como as da imagem 2? Caso faça, cite-as.

_____
_____
_____

Unidade 1 — Capítulo 1

A língua portuguesa é o idioma oficial do Brasil, mas existem cerca de 274 diferentes línguas faladas nas comunidades indígenas. Algumas delas já se tornaram idiomas oficiais em municípios do Brasil.

Grande parte dos grupos indígenas mantém a sua língua, mas também procura aprender a língua portuguesa para se integrar aos não indígenas.

4 Leia o texto abaixo sobre uma forma de preservação das línguas indígenas.

Aplicativo para celular ajuda a preservar línguas indígenas

No meio da floresta amazônica brasileira, telefones celulares estão sendo usados para coletar histórias da literatura oral. O objetivo da expedição é preservar o patrimônio linguístico de comunidades indígenas que correm o risco de desaparecer sem deixar qualquer vestígio.

A ideia é simples. [...] um software de fácil manejo [...] que permite aos falantes gravar e traduzir sua língua. [...]

Indígenas da etnia Waurá filmam o ritual do Kuarup na aldeia Piyulaga, no município de Gaúcha do Norte, no estado de Mato Grosso. Foto de 2019.

Após gravar as histórias antigas e tradicionais, o aplicativo compartilha o conteúdo com os outros telefones da rede. Com o áudio disponível em todos os celulares, ele poderá então ser adaptado para o português por qualquer pessoa conectada à rede. A tradução é feita frase por frase. No final do processo, um CD será gravado com a história e a tradução. [...]

Projeto usa *smartphone* para preservar línguas indígenas na Amazônia. **Portal Terra**. Disponível em: <www.terra.com.br/noticias/educacao/projeto-usa-smartphone-para-preservar-linguas-indigenas-na-amazonia,56f265993090e310VgnCLD2000000dc6eb0aRCRD.html>. Acesso em: 13 out. 2017.

a) Como esse aplicativo para celular pode ajudar a preservar as línguas indígenas?

_____

_____

b) Em sua opinião, é importante preservar as línguas indígenas? Por quê?

Com a palavra...

Há indígenas que moram nas cidades, mas há outros que moram nas Terras Indígenas, destinadas a eles pelo Governo Federal.

Leia a entrevista com o professor Adriano Campos, indígena da etnia kaingang, diretor da Escola Estadual Indígena Índia Maria Rosa, no município de Braúna, no estado de São Paulo.

Fale sobre a Terra Indígena Icatu.

A aldeia Icatu ocupa área de cerca de 300 hectares de terra no município de Braúna, no estado de São Paulo. A aldeia se formou a partir dos Kaingang que habitavam essa região e da transferência, nos anos 1940, de famílias da etnia terena, originárias do Mato Grosso do Sul. Hoje, nossa população é de cerca de 170 pessoas.

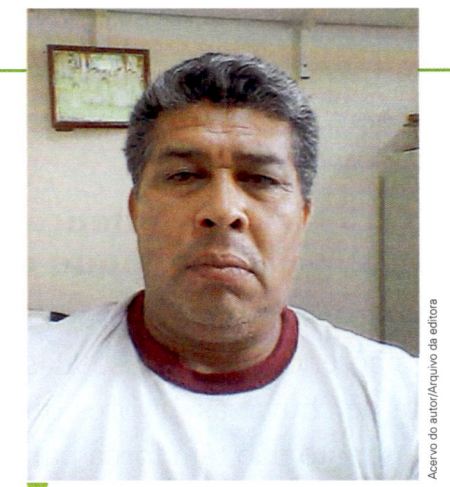

Adriano de Campos, professor indígena da etnia kaingang.

Quais são as línguas faladas na Terra Indígena Icatu?

Na aldeia e na escola falamos as línguas kaingang e terena, além do português. Em nossa comunidade, nos comunicamos na língua portuguesa. Somente quando encontramos os mais velhos da mesma etnia, aí sim a gente se comunica nas línguas kaingang e terena.

Como essas línguas são ensinadas na escola?

Nossa escola funciona como as outras unidades de ensino, com todas as disciplinas. Na escola, as línguas kaingang e terena são trabalhadas de forma oral e escrita. No final do ano letivo temos o programa Soletrando, que teve início no ano de 2008, desde a educação infantil até o 8º ano com palavras soltas, frases, números e cores.

Quais são as principais festas da Terra Indígena Icatu?

Nos dias de hoje, como a nossa comunidade está vivendo bem próxima da cidade, temos as seguintes festividades: no mês de abril fazemos as apresentações indígenas de dança e canto das duas culturas étnicas kaingang e terena; no mês de junho temos o rodeio, e em julho a tradicional festa junina. Mas durante o ano fazemos apresentação das nossas culturas em outras cidades. Também temos uma exposição itinerante que mostra para o público a nossa realidade, porque temos que acompanhar a civilização, mas sem deixar de ser o que somos: Kaingang e Terena, dois povos e uma luta.

Como é o contato dos indígenas com os moradores da cidade de Braúna?

O contato com nossos vizinhos hoje em dia é normal, somos tratados sem preconceitos, de igual para igual. O único problema é que algumas pessoas não indígenas, ou seja, pessoas brancas, não querem respeitar nossos direitos adquiridos. Se nós temos nossos direitos diferenciados, eles têm que ser respeitados e temos que cobrar das autoridades.

> **Saiba mais**

Leia a reportagem abaixo sobre os impactos das mudanças climáticas nas comunidades indígenas.

Mudanças climáticas comprometem o modo de vida de povos indígenas

Os pássaros não sobrevoam mais a floresta, os peixes já não sobem porque o rio não enche, o fogo se alastra muito rápido pela mata, a mandioca morre por falta de chuva, as árvores que dão material para a construção de casas e para o artesanato não têm força para crescer. Hoje [19 de abril], data em que é lembrado o Dia do Índio, um dos desafios das populações indígenas é o enfrentamento desses problemas, consequências das mudanças climáticas.

Cacique Raoni, líder indígena do povo kayapó, fala em conferência realizada em Paris, na França, sobre as mudanças climáticas. Foto de 2015.

Apesar de parecerem de simples solução para quem vive na cidade, para os povos das florestas, cada uma dessas mudanças é extremamente simbólica, como explicou o especialista do Instituto Socioambiental (ISA), Paulo Junqueira. Segundo ele, além de depender diretamente de um funcionamento equilibrado do meio ambiente, os índios têm nos sinais da natureza indicadores para diversos acontecimentos.

"Uma determinada formação de nuvens com trovoadas é sinal de chuva, e um deles me relatou que hoje tem a trovoada, tem a nuvem, mas não chove, ou o contrário, a chuva vem antes dos indicadores que eles conheciam. Há vários desses indicadores que estão deixando de funcionar. É como se, de repente, todos os nossos relógios ficassem malucos e a gente se perdesse no tempo", explicou.

> VERDÉLIO, Andréia. Mudanças climáticas comprometem o modo de vida de povos indígenas. **Agência Brasil – EBC**. Disponível em: <http://agenciabrasil.ebc.com.br/direitos-humanos/noticia/2017-04/mudancas-climaticas-comprometem-modo-de-vida-de-povos-indigenas>. Acesso em: 3 dez. 2019.

1. Quais problemas as mudanças ambientais causam para as comunidades indígenas que vivem na floresta?

_____

_____

_____

_____

_____

2. Podemos dizer que o modo de vida dos indígenas depende diretamente das condições da floresta e do ambiente. Será que as mudanças climáticas atingem somente os indígenas? Justifique sua resposta.

_____

_____

_____

_____

3. Pesquise fotos, reportagens e textos que mostrem acontecimentos que mudaram a sua cidade ao longo do tempo. Cole em uma folha à parte e depois mostre-a aos colegas.

Manifestações culturais nas comunidades

Você conhece **literatura de cordel**? O cordel é uma manifestação cultural de origem europeia, trazida pelos colonizadores portugueses. Tornou-se popular em todo o Nordeste e se origina de relatos orais que depois são escritos e impressos em folhetos. Seu nome vem da palavra **cordel**, uma corda bem fina onde esses folhetos eram pendurados para serem vendidos em feiras. As capas e as ilustrações dos cordéis são desenhos feitos com **xilogravura**.

- **xilogravura:** técnica de desenho que consiste em riscar uma placa de madeira, passar a tinta e "carimbar" em outra superfície. É uma espécie de carimbo de madeira.

Capa do cordel **A menina que não queria ser princesa**, de Jarid Arraes.

1 Leia abaixo o cordel escrito por Jarid Arraes.

A menina que não queria ser princesa

Era uma vez uma menina
Dotada de esperteza
Nascida lá no sertão
Batizada de Tereza
Era muito da danada
Arretada de brabeza.

[...]

Se tem menina princesa
Que gosta muito de rosa
Tem também a danadinha
E que é muito geniosa
Tereza era só um tipo
De garota talentosa.

[...]

Foram contar pra Tereza
Que tudo podia fazer
Rolar, pular e dançar
Escalar, cair e correr
E se gostasse de princesa
Isso também podia ser.

A menina deu um **pinote**
Correu pra pegar a bola
Era feliz dia e noite
Fosse em casa ou na escola
Era alegre o tempo todo
De bermuda ou camisola.

- **pinote:** salto, pulo, pirueta, sair correndo em fuga.

ARRAES, Jarid. A menina que não queria ser princesa. **Fórum**. Disponível em: <www.revistaforum.com.br/2015/10/03/cordel-infantil-a-menina-que-nao-queria-ser-princesa/>. Acesso em: 30 nov. 2017.

a) Segundo o texto, por que Tereza não queria ser princesa?

_____

_____

b) Converse com os colegas: Você é como Tereza ou é diferente dela?

2 Com um grupo de colegas, escreva uma história em forma de livrinho de cordel. Depois entreguem a história ao professor.

3 Com o professor, vocês vão organizar uma feirinha de cordéis. Sigam as instruções abaixo e a orientação do professor.

Cordéis à venda no Centro de Tradições Nordestinas, no Rio de Janeiro, no estado do Rio de Janeiro, em foto de 2015.

- Separem algumas folhas de papel sulfite e dobrem-nas ao meio, como um livro. A quantidade de folhas que vocês vão utilizar depende do tamanho da história. Cada folha de papel, usada na frente e no verso, é o equivalente a quatro páginas do cordel.

- As folhas de papel sulfite podem ser coloridas; é bem comum vermos cordéis impressos em folhas coloridas.

- Discutam no grupo como será a história: quais serão os personagens, onde estão e o que fazem.

- Como será a capa do cordel? Haverá outras ilustrações dentro do folheto?

- Apresentem seu cordel para os outros grupos.

- Providenciem um barbante para pendurar os cordéis na sala de aula, deixando-os em exposição.

No Brasil, é comum que as pessoas se agrupem em torno de algo de que gostam: pode ser um time de futebol ou uma escola de samba, por exemplo. E, mesmo existindo outros grupos com gostos diferentes, é importante sempre respeitá-los.

Em Parintins, no estado do Amazonas, acontece todo ano, no mês de junho, o Festival Folclórico da cidade. O grupo Boi Garantido (cor vermelha) e o grupo Boi Caprichoso (cor azul) fazem suas apresentações e ganha quem teve a apresentação e a música mais bonitas. A festa acontece desde 1965 e as pessoas usam roupas com as cores do boi para o qual torcem.

No festival acontecem representações das lendas locais e diversas outras manifestações artísticas de povos e grupos sociais do lugar, como indígenas e **ribeirinhos**.

ribeirinhos: pessoas que residem nas proximidades dos rios.

Apresentação do Boi Garantido no Festival Folclórico de Parintins, na cidade de Parintins, no estado do Amazonas. Foto de 2016.

Apresentação do Boi Caprichoso no Festival Folclórico de Parintins, na cidade de Parintins, no estado do Amazonas. Foto de 2017.

Em muitas cidades do estado de Alagoas acontece uma festa chamada Pastoril, que começou com a chegada dos colonizadores portugueses. A festa passou por muitas mudanças, mas continua acontecendo na época do Natal e conta a história do nascimento de Jesus, como uma espécie de presépio vivo.

Geralmente, os participantes dividem-se em dois grupos: vermelho e azul. O povo da cidade participa ativamente da festa e cada um usa uma fita com a cor referente ao grupo a que pertence.

As pastorinhas, de Sérgio Pompêo (acrílico sobre tela, 40 cm × 60 cm), 2011.

4 Você conhece alguma festa como estas aqui descritas?

_____

5 Quais são as festas mais importantes de sua cidade?

_____

6 Por que acontecem essas festas na sua cidade?

_____

Capítulo 2

Os direitos das pessoas

Todas as pessoas de uma comunidade têm os mesmos direitos?

Para iniciar

Leia o poema a seguir.

Além da imaginação

Tem gente passando fome.
E não é a fome que você imagina
entre uma refeição e outra.
Tem gente sentindo frio.
E não é o frio que você imagina
entre o chuveiro e a toalha.
[...]
Tem gente pelos cantos.
E não são os cantos que você imagina
entre o passeio e a casa.
[...]

TAVARES, Ulisses. **Viva a poesia viva**.
São Paulo: Saraiva, 2009.

1. Você acha que existem diferenças entre os dois tipos de fome e de frio citados no poema? Discuta com os colegas.

2. Qual desses problemas você acha mais sério? Por quê?

Direitos iguais para todos

Para viver bem em comunidade, todas as pessoas que dela participam precisam cumprir os seus deveres e ter seus direitos respeitados.

No Brasil, a maior parte das atividades que podemos ou não podemos fazer está prevista nas leis. As leis dizem quais são os nossos deveres e os nossos direitos, que é tudo aquilo que podemos exigir do governo e da sociedade para viver bem.

A Constituição é a lei mais importante do Brasil. Ela garante os principais direitos dos brasileiros. Conheça alguns desses direitos.

Sugestões de... Livros

ABC dos direitos humanos. Dulce Seabra e Sérgio Maciel, Cortez.

Os direitos das crianças segundo Ruth Rocha. Ruth Rocha, Companhia das Letrinhas.

- IGUALDADE PERANTE A LEI.
- LIBERDADE DE RELIGIÃO E DE IDEIAS.
- Direito à SEGURANÇA e à PROPRIEDADE.
- Direito à INFORMAÇÃO.
- Direito à SAÚDE e à FAMÍLIA.
- Direito à VIDA e à LIBERDADE DE IR E VIR.
- Direito à CASA, à EDUCAÇÃO e à ALIMENTAÇÃO.

1 Agora que você conhece alguns dos seus direitos, copie abaixo dois direitos que para você são importantes. Para cada um deles, escreva um dever que os cidadãos precisam cumprir.

_____

_____

2 Converse na sala de aula sobre as diferenças entre os direitos que você escolheu e aqueles que seus colegas escolheram.

Pela lei, no Brasil todas as pessoas têm os mesmos direitos. Mas na realidade isso nem sempre acontece. É dever de cada um de nós colaborar para que isso seja realidade em nosso grupo social.

As fotos a seguir apresentam situações de respeito e desrespeito aos direitos das pessoas.

1 Moradores em situação de rua em Salvador, no estado da Bahia. Foto de 2016.

2 Nem todas as pessoas têm moradia com condições mínimas de segurança e conforto. Moradias no Complexo da Maré, na cidade do Rio de Janeiro, no estado do Rio de Janeiro. Foto de 2017.

3 Sala de aula da escola municipal da comunidade Travessão do Ouro, em Floresta, no estado de Pernambuco. Foto de 2016.

4 Conjunto habitacional construído para famílias de baixa renda em Feira de Santana, no estado da Bahia. Foto de 2016.

5 Muitas pessoas não conseguem se alimentar de maneira adequada todos os dias. Moradores de rua recebem doação de alimentos em São Paulo, no estado de São Paulo. Foto de 2016.

6 Hospital com setor de emergência lotado em Natal, no estado do Rio Grande do Norte. Foto de 2016.

7 Família toma café da manhã em São Paulo, no estado de São Paulo. Foto de 2017.

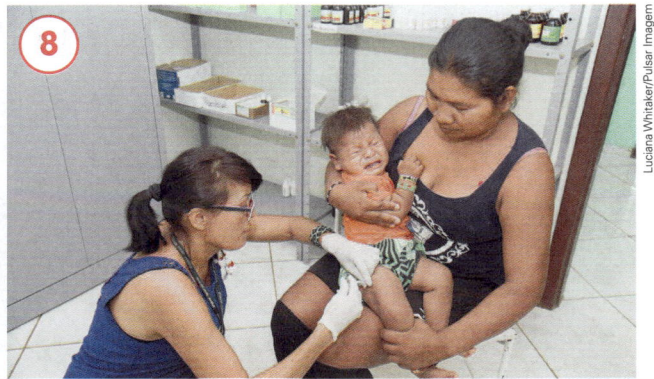

8 Enfermeira vacina criança indígena haliti paresi, na Terra Indígena Utiariti, no município de Campo Novo dos Parecis, no estado de Mato Grosso. Foto de 2018.

3 As fotos desta página e da anterior mostram algumas situações em que direitos estão sendo respeitados e outras em que não estão. Quais são esses direitos?

_____

_____

4 Que fotos mostram que esses direitos não foram respeitados?

_____

_____

5 Todos os seus direitos são respeitados?

Unidos por uma boa causa

Há muitas pessoas que se unem voluntariamente para ajudar outras pessoas e para melhorar a vida da comunidade.

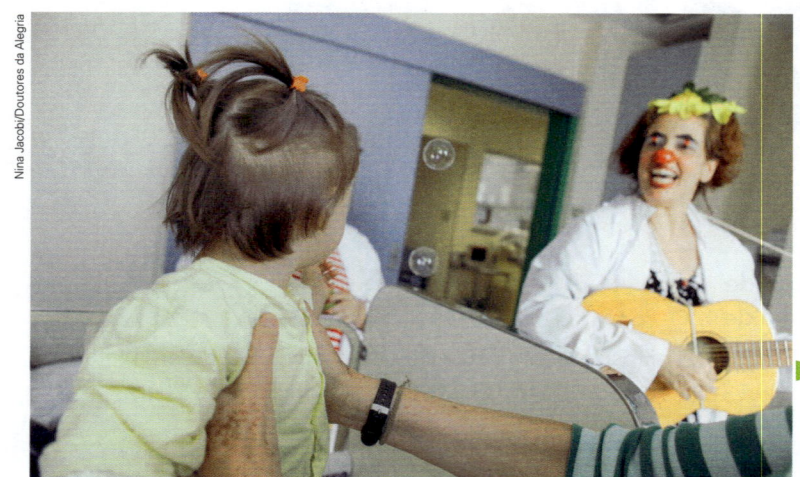

Sugestão de... Livro

Ninguém é igual a ninguém. Regina Otero e Regina Rennó, Editora do Brasil.

Atriz da organização Doutores da Alegria diverte crianças em tratamento médico em hospital de São Paulo, no estado de São Paulo. Foto de 2014.

voluntários: pessoas que se dedicam a prestar serviços gratuitamente; algo feito de modo espontâneo, por vontade própria, sem obrigação.

Voluntários servem alimentos a pessoas carentes na Cozinha Comunitária de Gurgaon, em Haryana, Índia. Foto de 2018.

1 Você acha importante existirem trabalhos voluntários como esses acima mencionados? Por quê?

_____
_____
_____
_____

2 Conte à turma: Você já foi voluntário ou participou de alguma campanha em favor de alguma causa ou pessoa? Qual?

Preconceito e direitos humanos

Alguns grupos de pessoas sofrem preconceito no Brasil. Eles podem estar em condições sociais e econômicas desvantajosas ou inferiorizadas, por isso precisam ser protegidos e ter seus direitos respeitados. Muita gente se organiza e trabalha para combater o preconceito e apoiar esses grupos. Além disso, no Brasil preconceito é considerado crime.

1. Leia o texto abaixo e depois converse sobre as questões a seguir.

Vamos acabar com o preconceito

Quando existe racismo, algumas pessoas são aceitas, outras são desprezadas. E isso é muito ruim para a vida das pessoas: na escola, na hora de procurar emprego, de conseguir uma promoção na carreira, na hora de casar, nos filmes, programas e propagandas da TV.

Não é natural ser assim. Todos querem ter e fazer tudo o que é bom. Todos querem ser respeitados. Por isso surgem movimentos como o chamado Movimento Negro, grupos de pessoas que têm ideias e praticam ações para defender os direitos dos negros nas casas, nas ruas, no mundo.

LIMA, Heloisa Pires. **Histórias da Preta**.
São Paulo: Companhia das Letrinhas, 2006.

a) O que é o racismo? Por que deve ser combatido?

b) Por que o Movimento Negro é importante no Brasil?

Minha coleção de palavras em História

A palavra a seguir já apareceu no capítulo. Vamos pensar um pouco mais sobre ela?

PRECONCEITO

1. Como você acha que as pessoas se sentem quando sofrem preconceito?

2. Preencha a tabela abaixo com o que se pede:

Um exemplo de preconceito que você já tenha presenciado	Uma solução para acabar com essa situação de preconceito

Para proteger os direitos das pessoas no mundo, foi aprovada em 1948 pela Organização das Nações Unidas (ONU) a **Declaração Universal dos Direitos Humanos**.

Vários países assinaram esse documento, entre eles o Brasil. Leia a seguir alguns dos direitos que toda pessoa deve ter, segundo a Declaração:

- Toda pessoa tem direito à vida, à liberdade e à segurança.
- Ninguém deve sofrer castigos ou tratamentos cruéis, desumanos e degradantes.
- Toda pessoa tem direito à liberdade de opinião e de expressão.

Existem organizações que trabalham em diversos países para defender esses direitos. Uma delas é o Unicef, que cuida das crianças do mundo, em especial daquelas que estão desamparadas.

Outra organização que atua em diversos países chama-se Médicos Sem Fronteiras. Ela oferece ajuda médica e humanitária a populações em perigo, em casos como guerras, catástrofes naturais, epidemias e fome, sem cobrar nada por isso.

Funcionária do Unicef conversa com crianças em El Geneina, Sudão (África). Foto de 2017. O Unicef promove os direitos e o bem-estar de crianças e adolescentes no mundo todo, especialmente os mais desfavorecidos.

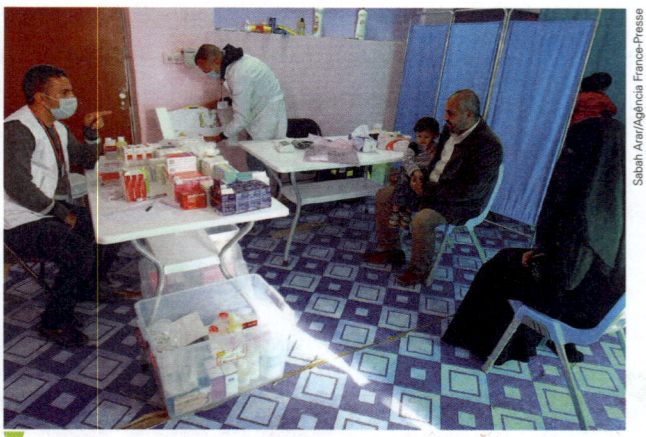

Médicos atendem família em clínica da organização Médicos Sem Fronteiras, em Bagdá, no Iraque, em 2015.

2 O primeiro artigo garantido pela Declaração dos Direitos Humanos diz:

"**Todas as pessoas nascem livres e iguais em dignidade e direitos.**"

Você concorda com essa afirmação?

3 Você gostaria de trabalhar em uma dessas organizações?

Serviços e direitos básicos nas cidades

Até a década de 1950 a maioria dos brasileiros vivia na região rural. A partir de então, as pessoas foram saindo do campo em busca de trabalho, e hoje a maior parte da população mora nas cidades.

Muitas cidades brasileiras foram crescendo rapidamente, e com isso surgiram muitos problemas para a sociedade e para o ambiente, como moradias precárias, desemprego, desigualdade social, falta de atendimento médico adequado para todos, poucas creches e escolas e poluição do meio ambiente.

Os governos devem agir para garantir aos moradores das cidades alguns serviços e direitos básicos para que todos possam viver com dignidade e segurança. São serviços essenciais para o bem-estar das pessoas.

1 Veja abaixo alguns desses serviços e direitos básicos e faça o que se pede.

Sugestões de...
Livro
Cidadania é quando...
Nílson José Machado, Escrituras.

Sites
Plenarinho. Disponível em: <https://plenarinho.leg.br>.

Turminha do MPF. Disponível em: <www.turminha.mpf.mp.br>. Acesso em: 13 dez. 2019.

Hospital	Transporte público
Rede de esgotos	Coleta de lixo
Escola	Eletricidade
Moradia	Água encanada

a) Pinte de **vermelho** os serviços que temos só no espaço público.

b) Pinte de **amarelo** os serviços que usamos no espaço privado.

c) Pinte de **verde** os serviços que usamos nos espaços público e privado.

2 Todos os que moram na cidade em que você vive têm esses serviços e direitos à disposição? Todos cumprem seus deveres?

Assim também aprendo

A falta de rede de esgotos e água tratada, o insuficiente tratamento do lixo e a poluição do ar e das águas são problemas ambientais nas cidades. A prefeitura e os moradores de uma cidade precisam atuar conjuntamente para que esses problemas sejam solucionados. As tirinhas abaixo tratam dessas questões.

BECK, Alexandre. **Armandinho Um**. São Paulo: Matrix, 2014. p. 76.

SANTOS, Fabiano dos. **Homem Linha**. Disponível em: <www.fabianocartunista.com/2012/09/homem-linha-em-acao.html>. Acesso em: 27 nov. 2017.

1. Na primeira tirinha, o que o pai de Armandinho considerou lixo?

2. Você sabe o que é reciclagem? Já viu algum brinquedo ou objeto feito com material reciclado?

3. Descreva o que está sendo retratado na segunda tirinha.

_____
_____
_____
_____
_____

4. O personagem da segunda tirinha está puxando a página de cima para mostrar outra imagem embaixo dela. Da imagem escondida você vê apenas um trecho de rio limpo, peixe na água, árvores, pássaros, Sol e céu azul. É o mesmo lugar da paisagem poluída.

a) No quadro abaixo, desenhe como você acha que é essa segunda imagem completa.

b) Converse com os colegas: O que deve ser feito para que essa paisagem fique livre da poluição?

3 Forme dupla com um colega. Juntos respondam às perguntas abaixo e anotem as respostas em uma folha avulsa. Depois, com a ajuda do professor, exponham suas anotações em um mural.

a) Existe tratamento de lixo na sua cidade?

b) Na sua escola existem lixeiras para recicláveis? As pessoas sabem utilizá-las?

c) O que você faz para contribuir com a limpeza de sua escola e de sua cidade?

Poluição nas cidades

Antigamente as grandes cidades eram mais tranquilas, não havia nelas tanta agitação e barulho como hoje.

A poluição sonora são ruídos e sons que, quando se tornam muito altos, atrapalham as pessoas. É um grande problema ambiental porque causa muito desconforto às pessoas e até problemas de saúde, como depressão, neurose e perda de audição.

A administração pública precisa prevenir e combater a poluição sonora, criando leis, fiscalizando e controlando o barulho, mas todo cidadão deve colaborar, tomando cuidado para que não haja tanto barulho na cidade.

1 Leia as frases no quadro abaixo e depois faça o que se pede.

Passarinhos cantando	
Eletrodoméstico em funcionamento	
Carros buzinando	
Som de instrumento musical	
Britadeira em funcionamento	
Trânsito intenso de caminhões e motos	
Crianças brincando na rua	
Pessoa falando ao telefone	
Fogos de artifício	
Torcedores em jogo de futebol	
Show de música	
Máquinas trabalhando na construção de um prédio	
Conversa de alunos em sala de aula	
Conversa de pessoas na rua	
Metrô	
Carro de som de vendedores ambulantes	

a) Pinte de **vermelho** os quadrinhos das frases que indicam os sons que mais contribuem para a poluição sonora nas cidades.

b) Pinte de **verde** os quadrinhos das frases que indicam os sons que menos contribuem para a poluição sonora nas cidades.

2 Em quais lugares ou situações você acha que a poluição sonora mais nos prejudica?

Embora a poluição sonora seja um grande problema especialmente nas grandes cidades, ele não é o único. Há outros problemas e eles podem ser mais graves quanto maior for a cidade. Veja nas imagens abaixo alguns deles.

Lixo descartado irregularmente no município de Santa Maria da Serra, no estado de São Paulo. Foto de 2019.

Passageiros lotam a plataforma de embarque do metrô de São Paulo, no estado de São Paulo. Foto de 2015. Em algumas cidades brasileiras, o transporte público é insuficiente.

Moradia danificada e com risco de desabamento por deslizamento de encosta, causado pelas chuvas, em Santa Maria, no estado do Rio Grande do Sul. Foto de 2015.

Alagamento causado pelo transbordamento do rio Tibagi, em Jataizinho, no estado do Paraná. Foto de 2016. Enchentes e alagamentos ocorrem em muitas cidades na época das chuvas por causa da **impermeabilização** do solo.

impermeabilização:
o solo coberto com asfalto ou construções se torna impermeável, ou seja, não deixa passar a água da chuva que precisa escorrer para os rios.

3 Converse com o professor e os colegas e responda:

a) Na sua cidade acontece algum dos problemas apresentados nas imagens?

_____

b) Na sua opinião, como esses problemas podem ser solucionados?

_____

Tecendo saberes

Você já ouviu falar de horta comunitária? As hortas comunitárias são feitas, de maneira voluntária, em espaços não ocupados nas cidades. Elas fornecem legumes e verduras, tornam a cidade mais agradável, aproximam as pessoas que nela trabalham e motivam todos a participar em outros projetos para melhorar a comunidade em que vivem.

Horta comunitária na cidade de Palmas, no estado do Tocantins. Foto de 2015.

Leia a história abaixo, sobre uma horta comunitária na cidade de Brasília.

Há três anos, Alda Duarte, 40, decidiu transformar o caminho que fazia, a pé, da casa ao trabalho, em Brasília. Ela passou a fazer canteiros em espaços públicos e, depois, a plantar hortaliças na vizinhança. "Eu tinha o desejo de deixar meu caminho mais bonito" [...].

Por meio das redes sociais, Alda encontrou outras pessoas [...] que desenvolvem a chamada agricultura urbana no Distrito Federal. Inspirada nelas, reuniu os vizinhos para, com eles, ampliar a experiência e melhorar a vida comunitária. [...]

MARTINS, Helena. Hortas comunitárias alteram espaço público e estimulam contato com a natureza. **Empresa Brasil de Comunicação (EBC)**. Disponível em: <http://agenciabrasil.ebc.com.br/geral/noticia/2014-11/producao-de-horta-comunitaria-estimula-novas-relacoes-na-cidade-e-com-natureza>. Acesso em: 11 dez. 2019.

A escritora de livros infantis Tatiana Belinky escreveu um poema muito divertido sobre os alimentos. Nele, a autora faz uma brincadeira misturando os nomes dos alimentos para formar novos nomes de legumes, frutas e hortaliças. Ela criou, por exemplo, o rabamate, a repobrinha, a perancia, a mamaranja, a cenotata, a banacaxi e o pepigrão. Ficou tudo muito engraçado!

> **Sugestão de… Livro**
> **Que horta!** Tatiana Belinky e Eva Furnari, Paulus Editora.

1 Veja novamente alguns dos nomes de alimentos que a escritora Tatiana Belinky criou e tente identificar quais nomes de alimentos ela juntou. Siga o exemplo.

Goianás: goiaba + ananás

Pepigrão: _____

Rabamate: _____

Repobrinha: _____

Cenotata: _____

Banacaxi: _____

Perancia: _____

Mamaranja: _____

2 Agora é a sua vez! Crie o nome de uma nova fruta, legume ou hortaliça, como fez a escritora Tatiana Belinky.

_____

3 Para ficar mais divertido, o professor vai organizar a turma em grupos e propor um jogo. Cada grupo deverá desafiar o grupo adversário a descobrir que alimento cada integrante do grupo criou. Um elemento do grupo 1 fala a palavra que o grupo criou, por exemplo: "bacanate". Então, alguém do grupo desafiado precisa responder rápido "banana + abacate" e escrever esses nomes na lousa. Cada grupo deverá jogar 5 vezes. Vence o grupo que descobrir mais palavras.

O que estudamos

Eu escrevo e aprendo

Folheie as páginas anteriores e relembre o que estudou. Depois, escreva nos quadros abaixo uma frase sobre algo que aprendeu nesta unidade e que antes não sabia.

Capítulo 1 – É possível viver sozinho?

_____
_____
_____

Capítulo 2 – Os direitos das pessoas

_____
_____
_____

Minha coleção de palavras em História

Em cada capítulo desta unidade, há uma palavra destacada para a **Minha coleção de palavras em História**. São palavras comuns em textos de História e vão ajudar você a compreender melhor todos eles. Veja quais são essas palavras no quadro ao lado.

COMUNIDADE, página 12.

PRECONCEITO, página 33.

1. O que você aprendeu com essas duas palavras? Discuta com os colegas.

2. No caderno, escreva essas duas palavras e o significado de cada uma delas. Ele deve ter relação com o que você aprendeu no capítulo.

Eu desenho e aprendo

Agora vamos trabalhar a **linguagem gráfica**. Para cada capítulo, faça um desenho do que você compreendeu ou achou importante estudar nesta unidade. Se preferir, faça uma colagem.

Capítulo 1
É possível viver sozinho?

Capítulo 2
Os direitos das pessoas

Hora de organizar o que estudamos

Os seres humanos dependem uns dos outros para viver. Juntos conseguem construir uma vida melhor; por isso formam grupos. Sua família e sua turma da escola, por exemplo, são grupos sociais dos quais você faz parte.

Os seres humanos são diferentes entre si, e essas diferenças precisam ser respeitadas.

Sua família, seus amigos e vizinhos da rua e do bairro formam uma comunidade.

As cidades são formadas por pessoas de diferentes origens; podem ser grandes ou pequenas, estar localizadas em área rural ou urbana.

As cidades apresentam desafios sociais, culturais e ambientais. Autoridades e população devem se esforçar para solucionar esses problemas.

Horta comunitária na cidade de Palmas, no estado do Tocantins. Foto de 2015.

As cidades são diferentes e sua população é diversificada, mas as pessoas devem ser solidárias e respeitar a vida em grupo, para que todos tenham uma vida melhor. As pessoas têm direitos e devem exigi-los. Alguns desses direitos estão registrados nas leis, por exemplo, o direito à igualdade, à escola e à saúde.

Alguns grupos de pessoas sofrem preconceito no Brasil. Eles podem estar em condições sociais e econômicas desvantajosas ou inferiorizadas, por isso precisam ser protegidos e ter seus direitos respeitados.

Moradores em situação de rua em Salvador, no estado da Bahia. Foto de 2016.

Uma sociedade justa é aquela em que todos têm seus direitos respeitados.

Para refletir e conversar

- Você teve dificuldade para entender alguma atividade ou alguma explicação?
- Na sua opinião, é possível viver sozinho?
- Qual é a relação entre a convivência em grupos e os direitos das pessoas? Converse com os colegas e o professor.

Unidade

2 As comunidades fazem História

- Quem são as pessoas representadas na imagem?
- Os povos indígenas já moravam em comunidades no território que hoje corresponde ao Brasil antes de os portugueses chegarem. Como você acha que eles vivem hoje?

Capítulo 3

Os primeiros moradores do Brasil

Quem foram os primeiros moradores do Brasil?

Para iniciar

Leia o poema a seguir.

homem branco: expressão utilizada por diversos povos indígenas para indicar os não indígenas, independentemente da cor da pele.

Sou índio e tenho orgulho de ser índio

Eu nasci índio, e quero morrer sendo índio.

Eu sou índio, porque sei dançar o ritual do awê.

Eu sou índio, porque sei contar a história do meu povo.

Eu sou índio, porque nasci na aldeia.

Eu sou índio, porque o meu sistema de viver, de pensar, de trabalhar e de olhar o mundo é diferente do **homem branco**.

Eu sou índio, porque sempre penso o bem para o meu povo e todas as nações indígenas.

Eu sou índio, Pataxó, sou brasileiro, sou caçador, pescador, agricultor, artesão e poeta, enfim, sou um lutador que sempre procura a paz.

Sou índio, porque sou unido com meus parentes e todos aqueles que se aproximam de mim.

Sou índio, e tenho orgulho de ser índio.

PATAXÓ, Kanatyo. Sou índio e tenho orgulho de ser índio. In: ANGTHICHAY et al. **O povo pataxó e sua história**. Brasília: MEC/Unesco; Belo Horizonte: SEE, 1997. p. 44.

1 Por que Kanatyo Pataxó, autor do poema, sente que é índio?

2 Com quais tradições de sua comunidade indígena o autor se identifica?

As comunidades indígenas

Os povos indígenas do Brasil formam comunidades que moram e vivem de maneira diferente dos outros brasileiros.

A maior parte desses povos vive em Terras Indígenas, que podem ficar em áreas rurais ou nas cidades. Algumas famílias resolvem viver nos grandes centros urbanos fora das Terras Indígenas. Independentemente de onde moram, os indígenas, em sua maioria, tentam preservar sua cultura e ter boa convivência com os não indígenas.

Observe o mapa e as fotos.

Indígenas yanomamis com ornamentos tradicionais durante festa em Santa Isabel do Rio Negro, Amazonas, 2017.

Indígenas kalapalos durante ritual do Jawari. Gaúcha do Norte, Mato Grosso, 2016.

Brasil: povos indígenas – 2016

- RORAIMA: 9 povos
- AMAPÁ: 5 povos
- MARANHÃO: 10 povos
- CEARÁ: 11 povos
- RIO GRANDE DO NORTE: 2 povos
- AMAZONAS: 64 povos
- PARÁ: 38 povos
- PIAUÍ: 2 povos
- PARAÍBA: 1 povo
- PERNAMBUCO: 12 povos
- TOCANTINS: 12 povos
- BAHIA: 15 povos
- ALAGOAS: 10 povos
- ACRE: 13 povos
- RONDÔNIA: 30 povos
- MATO GROSSO: 41 povos
- SERGIPE: 1 povo
- GOIÁS: 4 povos
- MINAS GERAIS: 8 povos
- MATO GROSSO DO SUL: 20 povos
- SÃO PAULO: 5 povos
- ESPÍRITO SANTO: 2 povos
- PARANÁ: 3 povos
- RIO DE JANEIRO: 2 povos
- SANTA CATARINA: 3 povos
- RIO GRANDE DO SUL: 3 povos

ESCALA: 0 – 510 – 1020 Quilômetros

INSTITUTO SOCIOAMBIENTAL. **Quadro geral dos povos**. Disponível em: <https://pib.socioambiental.org/pt/c/quadro-geral>. Acesso em: 19 jun. 2017.

1 Quais são os três estados com o maior número de povos indígenas?

_____

2 De acordo com o mapa, há povos indígenas no estado em que você mora?

_____

As comunidades indígenas não são iguais. Cada comunidade ou povo tem sua língua, seus hábitos, suas tradições.

Em alguns grupos indígenas, cada família mora em uma casa. Em outros, várias famílias moram em uma mesma residência. Nesse caso, cada família ocupa um espaço próprio.

A maneira de construir as moradias é diferente da das cidades e a organização das aldeias varia entre os grupos indígenas. Observe as fotos.

Aldeia yanomami próximo ao rio Toototobi, no estado do Amazonas, em 2015. Os Yanomami dessa região constroem uma única aldeia-casa em formato circular onde podem viver mais de cem pessoas.

Comunidade Sauparu da etnia ingarikó na Terra Indígena Raposa Serra do Sol, no estado de Roraima, em 2018. As aldeias ingarikós são constituídas por um número variável de habitações, desde as menores, com duas casas, até as mais extensas.

3. No quadro abaixo, assinale com um **X** as características das moradias dos Yanomami e dos Guarani Ñandeva. Em seguida, complete a última coluna com os dados da casa em que você mora.

	Yanomami	Guarani Ñandeva	Minha casa
A moradia é grande.			
A moradia é pequena.			
A moradia abriga várias famílias.			
A moradia abriga somente uma família.			
A comunidade é composta de uma moradia.			
A comunidade é composta de várias moradias.			

4. A casa em que você mora se parece mais com a dos Yanomami ou com a dos Guarani Ñandeva? Troque ideias com os colegas.

Saiba mais

Cada comunidade indígena tem a própria maneira de resolver problemas e tomar decisões. Os Bororo têm vários líderes, um deles só para lidar com os não indígenas. Entre os Yanomami, um grupo de idosos, chefes de família, participa das decisões. O chefe da aldeia não governa sozinho.

Para muitos povos indígenas, o lugar de reuniões é muito importante na aldeia: ali, os indígenas se reúnem para conversar, lembrar coisas antigas, organizar o trabalho, as festas e as práticas religiosas. De modo geral, é onde também fica a escola.

Além do chefe, geralmente há o pajé, que cuida da saúde e aconselha as pessoas do grupo. O pajé conhece as plantas e com elas faz remédios. É ele que conhece as lendas e as histórias orais de sua gente.

Indígenas de várias etnias lutam o Huka-huka no encerramento do Kuarup, ritual de homenagem aos mortos ilustres. Parque Indígena do Xingu, no estado de Mato Grosso. Foto de 2016.

Pajés waujás da aldeia Piyulaga realizando ritual para pedir boa pescaria. Gaúcha do Norte, no estado de Mato Grosso. Foto de 2016.

A cidade em que você mora é governada da mesma maneira que as comunidades indígenas descritas acima? Converse com os colegas.

O indígena e a natureza

A maior parte dos indígenas está em contato direto com a natureza, principalmente os que vivem nas Terras Indígenas em áreas de florestas.

De norte a sul do país, eles retiram da vegetação nativa alimentos como castanhas, pequi, bacaba, buriti, macaúba, mangaba, murici, pinhão, pupunha, açaí e outras. Também coletam fibras e palhas vegetais para fazer cordas, redes, enfeites, peneiras, esteiras.

Com a madeira que retiram da floresta, eles fazem casas, arcos e flechas, barcos e outras coisas mais.

1 Observe os alimentos a seguir. Quais deles você conhece? Converse com os colegas.

Pequi. 6 cm

Pinhão. 4 cm

Mangaba. 5 cm

Os rios são muito importantes para os indígenas, pois fornecem os peixes de que se alimentam e a água que eles bebem e usam para cozinhar. É também nos rios que muitos deles se banham.

Com o barro das margens dos rios, os indígenas fazem panelas, potes, cuias e brinquedos. Os rios também servem de vias para atravessar a floresta.

Indígena pankararu fazendo pote de cerâmica na aldeia Brejo dos Padres. Tacaratu, no estado de Pernambuco. Foto de 2014.

Indígena waurá se preparando para pescar na lagoa Piyulaga, no Parque Indígena do Xingu, no estado de Mato Grosso. Foto de 2016.

2 Há rios no lugar em que você mora? Caso existam, como são usados?

3 Você conhece algum objeto feito de barro? Qual? Converse com os colegas.

Para abrir espaço para suas roças, os indígenas fazem pequenas queimadas na floresta. Eles cultivam milho, mandioca, abóbora, feijão, amendoim, batata-doce e outros alimentos. O cultivo desses produtos e a prática da queimada são tradições indígenas que foram herdadas pelos agricultores não indígenas.

Dependendo da região, os indígenas caçam **caititus**, macacos, antas, tatus, veados, **cutias**, pacas, tamanduás e jabutis e aproveitam a carne desses animais.

caititus: também conhecidos como porcos-do-mato, vivem em diversas regiões do Brasil.

cutias: roedores de cauda curta muito comuns nas florestas brasileiras.

Mulheres indígenas yawalapiti descascam mandioca-brava para fazer polvilho. Parque Indígena do Xingu, no estado de Mato Grosso. Foto de 2016.

4 Quais dos alimentos consumidos pelos indígenas também fazem parte da sua alimentação?

_____

5 Marque com um **X** o nome dos animais das fotos abaixo que você conhece.

Caititu — 100 cm (1 metro)

Anta — 200 cm (2 metros)

Paca — 70 cm (0,7 metro)

Língua e tradição

As línguas tupis foram as primeiras com as quais os portugueses entraram em contato ao chegar à América, em 1500. Existiam ainda outras centenas de línguas indígenas, mas hoje elas são cerca de 274 em todo o Brasil, e muitas delas correm o risco de desaparecer.

Para manter a tradição cultural que eles passam de uma geração a outra, é importante que os indígenas falem a língua de seu povo. É também fundamental que eles aprendam o português, para que o contato com os não indígenas seja facilitado e para que eles possam lutar por seus direitos dentro da sociedade brasileira. Por isso, muitos povos indígenas falam a língua materna e também o português. Alguns falam apenas o português.

1 Com os colegas e o professor, leia a letra da canção abaixo. Se souber, cante.

Tu tu tu tupi

Todo mundo tem um pouco de índio
dentro de si
dentro de si
[...]
Jabuticaba, caju, maracujá,
pipoca, mandioca, abacaxi,
é tudo tupi
tupi-guarani
tamanduá, urubu, jaburu,
jararaca, jiboia, tatu... tu tu tu [...]
[...]
arara, tucano, araponga, piranha,
perereca, sagui, jabuti, jacaré,
jacaré... jacaré...
quem sabe o que é que é?
[...]

ZISKIND, Hélio. Tu tu tu tupi. Intérprete: Hélio Zizkind. In: **Meu pé meu querido pé**. São Paulo: MCD, 1997. Faixa 3.

a) Sublinhe no texto o nome das frutas e dos animais que você conhece.

b) Por que o autor da canção diz que todo mundo tem um pouco de índio?

2 As palavras no quadro abaixo também são de origem indígena. Sublinhe:
- com a cor **verde** as que forem nomes de frutas ou de vegetais;
- com a cor **vermelha** as que forem nomes de animais;
- com a cor **azul** as que forem nomes de lugares ou de pessoas.

Guanabara	Botucatu	Pequi	Pirarucu
Jequitibá	Iracema	Itatiaia	Capim
Cupuaçu	Ipiranga	Sabiá	Moema
Capivara	Jerimum	Pitanga	Peroba
Paca	Saúva	Niterói	Tietê
Paraíba	Tatu	Araci	Buriti
Samambaia	Amendoim	Iara	Cuiabá

3 Pesquise em livros e dicionários outras três palavras de origem indígena e anote o significado delas no caderno.

Assim também aprendo

As palavras que você e os colegas pesquisaram acima servirão para um jogo divertido:
a) A turma deve ser organizar em dois grupos.
b) O primeiro grupo diz uma palavra de origem indígena que anotou. O segundo grupo deve dizer o que a palavra significa.
c) Depois é a vez de o segundo grupo dizer uma palavra e o primeiro, o significado dela. E assim por diante.
d) Cada palavra certa vale 1 ponto. O professor anota os pontos de cada grupo. O grupo que fizer mais pontos será o vencedor.

O respeito às comunidades indígenas

A proteção das Terras Indígenas é importante para a preservação da cultura e do modo de vida das comunidades indígenas. Enquanto essas comunidades permanecem em determinada região, a natureza do lugar geralmente é respeitada.

Muitas Terras Indígenas são invadidas por pessoas que procuram madeira e minérios para explorar ou áreas para criar gado e plantar. Por isso, essas terras precisam ser protegidas.

1 Leia o texto abaixo.

Os povos indígenas sempre respeitam a natureza!

O mato não pode acabar.
Por isso, não cortamos pau à toa. Nós só cortamos pau
precisando fazer casa, precisando fazer fogo,
precisando fazer canoa, precisando fazer **pinguela**,
precisando fazer arco. Só quando é preciso!

Nós também não matamos os bichos à toa.
Só matamos a caça para comer.
Matamos os peixes para comer.
Só matamos as aves para comer.

PAULA, Eunice Dias de; PAULA, Luiz Gouveia de; AMARANTE, Elizabeth A. R.
História dos povos indígenas: 500 anos de luta no Brasil. São Paulo: Cimi/Vozes, 1982. p. 34-35.

pinguela: ponte estreita, geralmente feita de madeira.

Indígena guarani, da aldeia Koenju, pescando com arco e flecha em São Miguel das Missões, no estado do Rio Grande do Sul. Foto de 2016.

- De acordo com o texto, qual é a relação que os indígenas têm com a natureza? Converse com os colegas e o professor.

Muitas comunidades indígenas estão em locais urbanizados, e seus moradores costumam estudar, trabalhar ou passar longos períodos nas cidades. Alguns se mudam definitivamente para as cidades, mas não deixam de lado a cultura do seu povo.

Sugestões de... Livros

ABC dos povos indígenas no Brasil. Marina Kahn, Edições SM.

A cura da Terra. Eliane Potiguara, Editora do Brasil.

2. Leia alguns relatos de indígenas que vivem nas cidades.

> Vim em busca de um sonho. Quando era pequeno, minha mãe foi à cidade e viu pela primeira vez a televisão: uma caixinha em que as pessoas cabiam. Isso despertou minha curiosidade, e pensei que um dia quereria estar lá dentro.
>
> Xamakiry Fulni-ô, também chamado Afonso Apurinã.

> Nasci no Rio de Janeiro. Meus avós emigraram na década de setenta, fugindo da seca nordestina. Sou professora da Universidade Federal Fluminense e tenho muito orgulho de ser indígena, apesar de viver no espaço urbano.
>
> Carolina Potiguara.

> Nossos costumes têm muito a ver com a natureza, e por isso aqui entro em conflito comigo mesma. Não tenho terra, ar... Dentro de casa vou fazer meu ritual com quem? É um lugar pequeno, e tudo tem regras.
>
> Sandra Guarani.

Depoimentos de indígenas que vivem em áreas urbanas. In: SASTRE, Patricia Martínez. Índios urbanos: buscando as raízes longe da natureza. **El País**. Disponível em: <http://brasil.elpais.com/brasil/2015/10/22/politica/14445509265_732696.html>. Acesso em: 10 jan. 2020.

- Converse com os colegas e o professor: Quais são as dificuldades enfrentadas por um indígena que vive na cidade?

De olho na imagem

Neste capítulo, você estudou diferentes comunidades indígenas, como elas estão organizadas, alguns de seus costumes tradicionais e modos de vida nas Terras Indígenas e aprendeu que há diferenças entre elas e as comunidades das cidades. O que você pensa sobre as comunidades indígenas? Você já imaginou o que os indígenas acham da cidade?

Veja a seguir como o indígena Kaomi Suyá, do povo kisêdjê, que vive no Parque Indígena do Xingu, representou uma cidade.

▶ Ilustração "Cidade" de Kaomi Suyá. **Geografia Indígena**: Parque Indígena do Xingu. Brasília: MEC/SEF/DPEF, 1988.

1. Quais elementos de uma cidade você consegue identificar na ilustração?

_____

2. Compare a ilustração com a cidade em que você mora. Cite uma semelhança e uma diferença.

_____

_____

A ilustração a seguir também foi feita por Kaomi Suyá. A imagem representa o Parque Indígena do Xingu, onde ele mora e ensina a língua de seu povo.

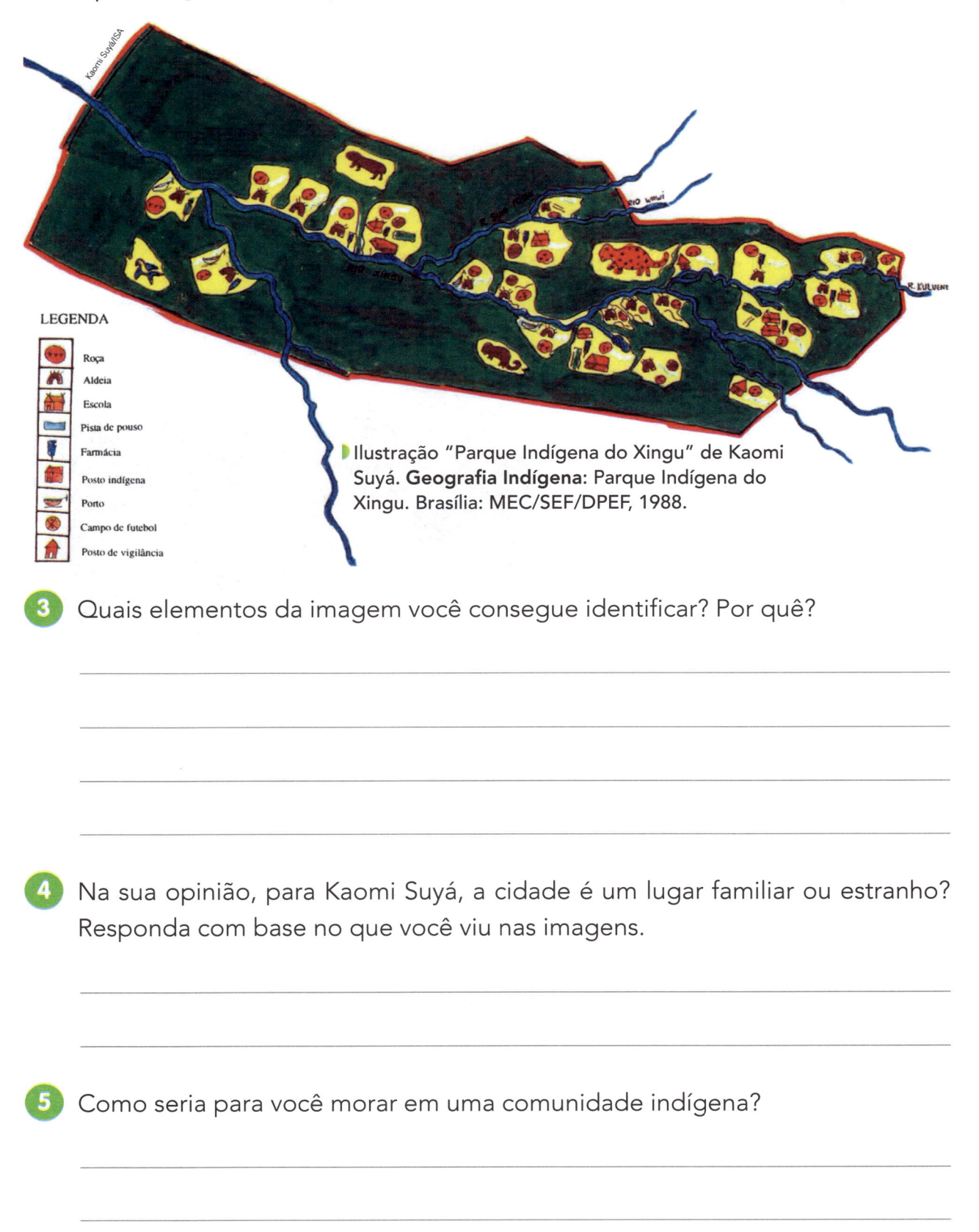

LEGENDA
- Roça
- Aldeia
- Escola
- Pista de pouso
- Farmácia
- Posto indígena
- Porto
- Campo de futebol
- Posto de vigilância

▶ Ilustração "Parque Indígena do Xingu" de Kaomi Suyá. **Geografia Indígena**: Parque Indígena do Xingu. Brasília: MEC/SEF/DPEF, 1988.

3 Quais elementos da imagem você consegue identificar? Por quê?

_____
_____
_____
_____

4 Na sua opinião, para Kaomi Suyá, a cidade é um lugar familiar ou estranho? Responda com base no que você viu nas imagens.

_____
_____

5 Como seria para você morar em uma comunidade indígena?

_____
_____

As ameaças às Terras Indígenas

Como já estudamos, muitas vezes as atividades econômicas dos não indígenas interferem na maneira de viver das comunidades indígenas.

A exploração de minérios e de madeira, as grandes plantações, a criação de gado em grande escala e a construção de usinas hidrelétricas podem destruir as florestas e prejudicar os indígenas, que dependem delas para viver.

1 Leia o texto a seguir.

A soja ameaça o Parque Indígena do Xingu

Quem olha o mapa do Parque Indígena do Xingu se surpreende com o verde que [nele] predomina [...]. O mesmo mapa revela, no entanto, um entorno degradado por desmatamentos e queimadas associados à formação de lavouras e pastagens, que já encostam nos limites do parque.

[...]

Não é de hoje que os índios estão preocupados com o que se passa nos limites do Parque Indígena do Xingu. Ali vivem 14 etnias diferentes, com culturas e costumes diversos. As operações de fiscalização tiveram início em 1989, quando começaram a ser instalados os postos indígenas de vigilância (PIVs) junto a alguns rios. A meta principal dos PIVs era controlar a invasão da área do Parque por pescadores e caçadores. Com o tempo, veio a ideia de vigiar os limites do parque, fora do alcance dos rios [...] com o objetivo de mapear os efeitos da expansão da soja no entorno do parque.

BARRETTO, Ricardo. **A soja ameaça o Parque Indígena do Xingu.** Disponível em: <https://site-antigo.socioambiental.org/esp/soja/2.stml>. Acesso em: 8 fev. 2017.

Indígenas tupinambá e pataxó protestam em Brasília, no Distrito Federal, em defesa das Terras Indígenas. Foto de 2019.

- Quais são as principais ameaças às aldeias do Parque Indígena do Xingu?

_____
_____
_____

As comunidades indígenas podem se modificar em contato com não indígenas. Muitos grupos foram obrigados a abandonar seus costumes e suas tradições e hoje lutam para ser reconhecidos como indígenas. Outros mantêm as tradições que tinham quando desconheciam os não indígenas. Há também aqueles grupos que se adaptam à tecnologia e aos costumes que vêm de fora da aldeia.

Caminhonetes, barcos a motor (**voadeiras**), tratores, rádios a pilha, relógios de pulso, calças, camisetas, tênis, computadores e celulares com acesso à internet já são comuns em muitas aldeias.

- **voadeiras:** pequenos barcos a motor que saltam conforme a água ondula.

Indígena pataxó com câmera de filmagem nos VIII Jogos Indígenas Pataxó. Porto Seguro, no estado da Bahia. Foto de 2014.

2 Que costumes dos não indígenas aparecem na fotografia desta página?

_____

_____

Minha coleção de palavras em História

A palavra a seguir aparece várias vezes neste capítulo:

COSTUME

1. Converse com os colegas sobre o significado da palavra **costume**. Você a usa em seu cotidiano da mesma forma que ela aparece neste capítulo?

2. Dê um exemplo de costume que faça parte de seu grupo familiar ou até mesmo de sua comunidade.

_____

_____

Capítulo 4

A herança africana

Você já ouviu falar da África? Sabe onde fica esse continente?

Para iniciar

Vamos conhecer um pouquinho da África? Leia a letra da canção a seguir.

África

Quem não sabe onde é o Sudão, saberá
A Nigéria, o Gabão, Ruanda
Quem não sabe onde fica o Senegal,
A Tanzânia e a Namíbia, Guiné-Bissau
Todo o povo do Japão, saberá
De onde veio o Leão de Judá
Alemanha e Canadá, saberão
Toda a gente da Bahia sabe já
De onde vem a melodia do ijexá

[...]

Basta atravessar o mar, pra chegar
Onde cresce o baobá, pra saber
Da floresta de Oxalá, e malê
Do deserto de Alah, do ilê

TAVARES, Ulisses. **Viva a poesia viva**.
São Paulo: Saraiva, 2009.

1 Você sabe onde ficam os países citados na canção? Localize-os em um mapa da África.

2 Discuta com os colegas e o professor: Quais palavras africanas da canção você conhece?

A diversidade do continente africano

Ao contrário do que muitas pessoas imaginam, a África não é um país, mas sim um continente, formado por mais de 50 países. Ali podemos encontrar muitos povos, línguas e culturas diferentes.

A África é atravessada de leste a oeste pelo deserto do Saara. Ele divide o continente em duas regiões: uma ao norte, de clima quente e seco, e outra ao sul, onde há uma grande área de clima úmido e de florestas. Essas duas partes do continente africano abrigam culturas que são muito diferentes entre si.

Os africanos foram muito importantes para a formação do povo brasileiro. Muitas características da cultura brasileira têm origem na África e nas culturas de seus habitantes.

Observe o mapa e as fotos abaixo.

África: divisão política – 2012

IBGE. **Atlas geográfico escolar**. Rio de Janeiro: IBGE, 2012. p. 45.

Menina egípcia. Cairo, Egito, 2016.

Menino nigeriano, em trajes tradicionais muçulmanos. Nigéria, 2015.

1 Converse com o professor e os colegas: De quais países da África você já ouviu falar? O que você sabe sobre eles?

Atualmente, mais de 2 mil línguas e dialetos são falados na África.

Em alguns países, a população é formada por diferentes povos, que falam diferentes idiomas. Além das línguas e dos dialetos africanos, há línguas de origem europeia, como o português, e de origem asiática, como o árabe.

Na África, há cidades modernas e vilas e aldeias tradicionais, onde os povos cultivam os costumes de seus antepassados.

2 Observe as fotos abaixo e responda às questões.

A tribo Maasai vive no sul do Quênia. Parque Nacional Mara, aldeia Obonana, Quênia, 2017.

Vista aérea de Nairóbi, capital do Quênia, 2015.

a) O que se pode ver na fotografia 1?

_____

_____

b) O que você pode ver na fotografia 2?

_____

_____

3 Em alguma das fotos a paisagem se parece com a de algum lugar do Brasil? Por quê?

A África foi dominada por países europeus durante séculos. Portugal foi o primeiro a dominar territórios africanos, que hoje correspondem a países conhecidos como Angola, Cabo Verde, Guiné-Bissau, Moçambique e São Tomé e Príncipe. Mais de 200 anos depois, outros países europeus, como Inglaterra, França, Alemanha, Itália e Bélgica, dividiram entre si quase todo o continente africano.

É por isso que, hoje, os povos da Nigéria, por exemplo, além das línguas e dialetos africanos, falam inglês, e os povos de Angola falam português. Grande parte dos países africanos se tornou independente ao longo dos últimos cem anos.

Festa de Carnaval na cidade de Lubango, Angola, 2014.

4 Converse com os colegas e com o professor: Por que a língua falada no Brasil é a mesma falada em alguns países africanos?

5 Escreva uma frase com estes grupos de palavras:

ANGOLA, MOÇAMBIQUE E CABO VERDE

LÍNGUA PORTUGUESA   PAÍSES AFRICANOS

Os reinos africanos do passado

O continente africano tem muitas histórias para contar. Diversos reinos se formaram ali desde os tempos mais antigos. Vamos estudar quatro deles: Gana, Mali, Congo e Benin.

O Reino de Gana era formado por diversas vilas. Os povos que faziam parte do reino pagavam impostos e forneciam tropas ao rei. Muitas lutas eram travadas contra povos inimigos que pretendiam controlar o forte comércio de Gana.

Os reis se vestiam com roupas luxuosas, como túnicas e gorros bordados com fios de ouro.

Sugestões de...
Livros

A vassoura do ar encantado. Zetho Cunha Gonçalves, Pallas.

Olelê: uma antiga cantiga da África. Fábio Simões, Melhoramentos.

Filme

Kiriku e a feiticeira. Direção: Michel Ocelot, 1998

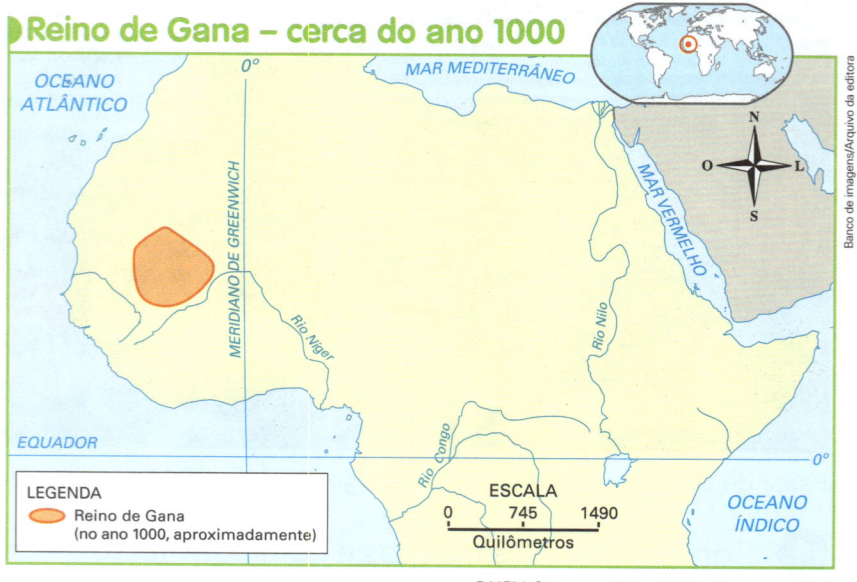

Reino de Gana – cerca do ano 1000

LEGENDA
- Reino de Gana (no ano 1000, aproximadamente)

ESCALA: 0 — 745 — 1490 Quilômetros

DUBY, Georges. **Atlas historique mondial**. Paris: Larousse, 2007. p. 216.

Ruínas de Ualata, cidade que fez parte do Reino de Gana. Em 1996, foi considerada Patrimônio Cultural Mundial pela Unesco.

O Reino do Mali era formado por muitos territórios e povos, que pagavam impostos e forneciam tropas ao mansa, o rei, de forma semelhante ao que ocorria no Reino de Gana.

Os reis se vestiam com roupas muitas vezes bordadas com fios de ouro. Seus chefes militares usavam espadas e lanças também feitas de ouro.

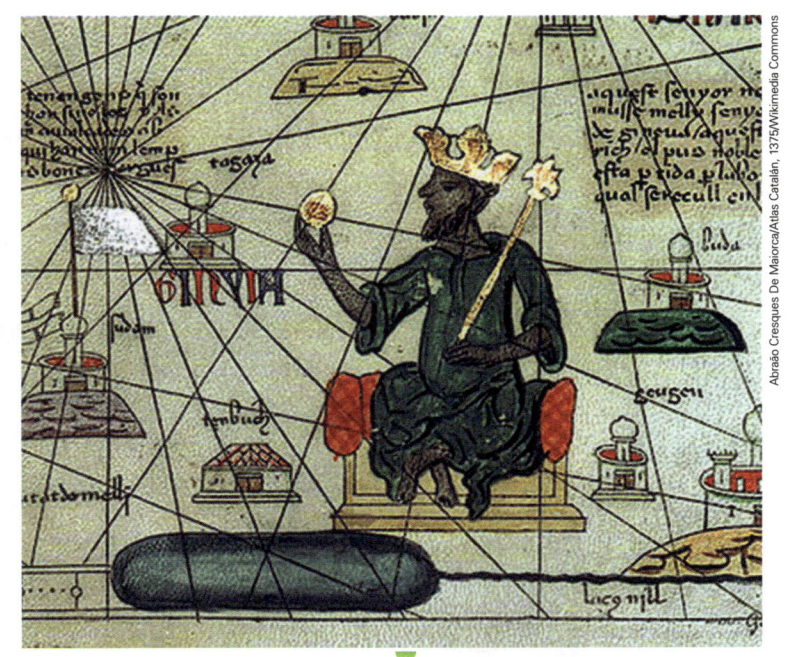

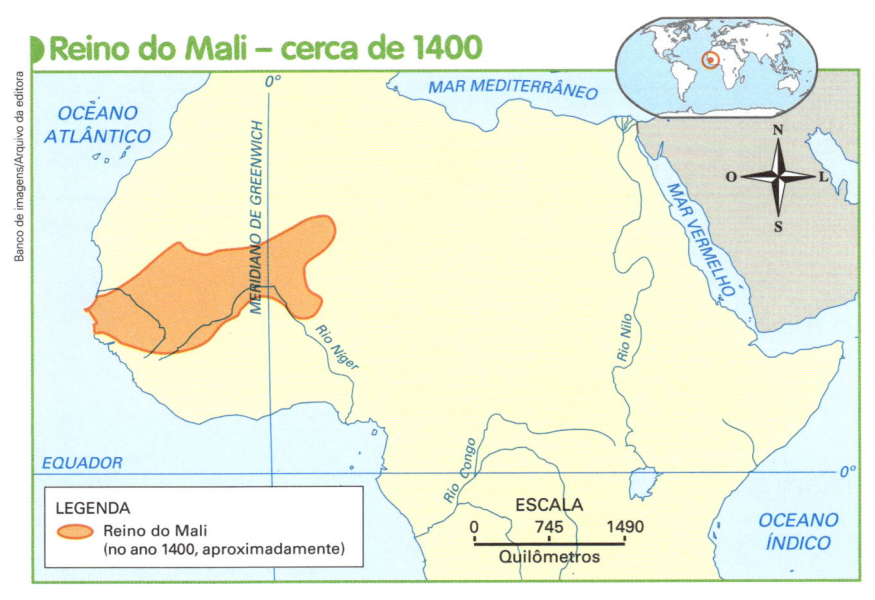

A ilustração acima representa o mansa Musa, um dos reis do Mali. Este é um detalhe do Atlas Catalán, feito em 1375.

Reino do Mali – cerca de 1400

OVERY, Richard. **A história completa do mundo**. Rio de Janeiro: Reader's Digest, 2009. p. 154.

1 Cite três semelhanças entre os reinos de Gana e do Mali.

_____
_____
_____

2 Em sua opinião, por que os reis de Gana e do Mali se vestiam com roupas bordadas com fios de ouro?

No Reino do Congo, os produtos mais comercializados eram tecidos e sal. Conchas eram utilizadas como moedas.

Havia artesãos com conhecimentos especializados, como ferreiros, que produziam ferramentas para o trabalho agrícola e armas.

O rei do Congo era chamado de **manicongo**.

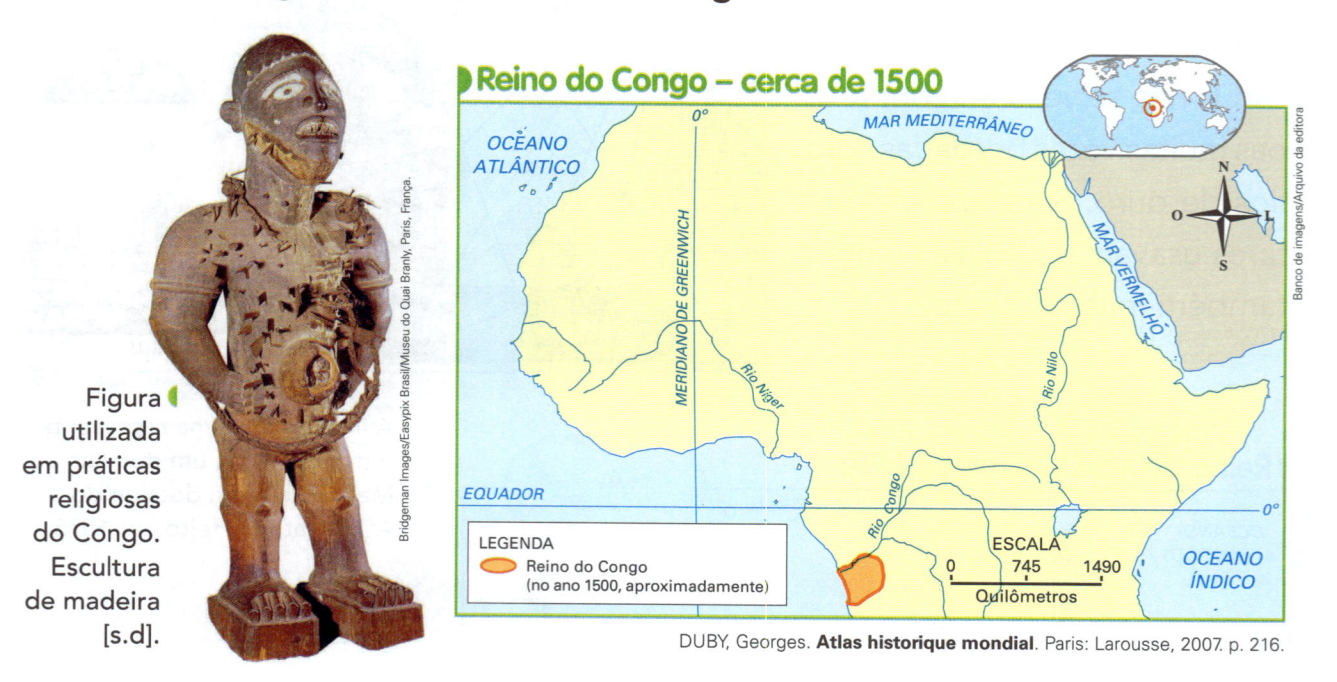

Figura utilizada em práticas religiosas do Congo. Escultura de madeira [s.d].

Reino do Congo – cerca de 1500

DUBY, Georges. **Atlas historique mondial**. Paris: Larousse, 2007. p. 216.

3 O que era utilizado como moeda no Reino do Congo?

_____

4 O que os ferreiros produziam no Reino do Congo?

_____

Minha coleção de palavras em História

A palavra a seguir é muito importante para compreender a história dos povos africanos:

REINO

1. Você já ouviu essa palavra anteriormente? Converse com os colegas.

2. Caso já tenha ouvido falar de reinos, descreva no caderno como você imagina que eles seriam.

No Reino do Benin, as pessoas acreditavam que o rei tinha poderes especiais. Ele vivia num palácio rodeado por muitas construções, onde moravam as pessoas que trabalhavam para ele. Ali viviam, por exemplo, artistas que faziam placas de bronze. Nelas eram representadas cenas de batalhas e do cotidiano do reino.

O rei do Benin era chamado de obá. As roupas usadas por ele eram enfeitadas com corais. Diversos artistas fizeram representações do obá em placas de bronze, como a da imagem abaixo.

Os africanos trouxeram para o Brasil várias técnicas de metalurgia para trabalhar metais, como o ferro e o bronze, e para fabricar instrumentos de trabalho e outros.

Reino do Benin – cerca de 1500

DUBY, Georges. **Atlas historique mondial**. Paris: Larousse, 2007. p. 216.

Os artistas do Benin produziam placas de bronze desde o século XIII. A placa acima representa obá (rei) com alguns soldados.

5. Escolha uma das imagens dos reinos da África estudados neste capítulo. Em seguida, descreva-a no caderno e depois produza uma legenda nova para ela.

6. Neste capítulo, você estudou alguns aspectos da história da África. Saiba também que o continente africano é o ambiente natural de muitos animais. A maior parte deles vive em parques ou em **reservas**, como a reserva de Maasai Mara, no Quênia, e o Parque Nacional do Serengeti, na Tanzânia.

reservas: áreas destinadas pelo governo de um país à preservação do ambiente natural.

- Procure em revistas, jornais ou *sites* fotos de dois animais de origem africana.
- Recorte e cole cada um em uma folha à parte.
- Escreva abaixo de cada foto uma frase sobre o animal.
- Sob a orientação do professor, organize com seus colegas um mural com todos os animais que vocês encontraram.

As comunidades afro-brasileiras

Você sabe o que são comunidades quilombolas?

São comunidades localizadas em áreas de difícil acesso, em geral formadas por escravizados fugidos que não aceitavam o regime de escravidão nos séculos XVI a XIX. Nessas comunidades, também moravam pessoas livres que preferiam aquele modo de vida ao das fazendas e cidades. Essas áreas são ocupadas até hoje pelos descendentes dos antigos moradores.

Ainda hoje os habitantes dessas comunidades possuem modos de viver e tradições religiosas em comum, que podem ser diferentes de outros grupos da sociedade. Às vezes, os quilombolas têm um jeito diferente de falar, resultado da herança africana e de anos de isolamento.

As comunidades quilombolas estão, principalmente, nos estados do Maranhão, Bahia, Pará, Minas Gerais e Pernambuco. Há mais de 3 mil comunidades quilombolas reconhecidas no Brasil.

roça: pequena plantação, em geral de alimentos.

Agricultura ainda é a maior fonte de renda dos quilombolas

Para a lavradora Aurea Paulino, da comunidade Kalunga, em Goiás, a roça é garantia de tranquilidade. "Você quer uma banana, você tem; quer uma mandioca, você tem. O arroz e o feijão, que é o principal, a gente planta. Então eu acho bom, porque não é todo lugar que a pessoa tem esse privilégio", diz. [...]

No quilombo onde Áurea vive há um forte sentimento de comunidade. Os kalungas se ajudam muito e não deixam um vizinho passar necessidade.

Pessoas da comunidade quilombola de Alcântara, no estado do Maranhão, descascam mandioca produzida pela comunidade. Foto de 2019.

ANTONIO, Thaís. Agricultura ainda é a maior fonte de renda do país. **Agência Brasil**. Disponível em: <www.ebc.com.br/cultura/2013/11/a-agricultura-ainda-e-a-maior-fonte-de-renda-dos-quilombolas>. Acesso em: 13 dez. 2019.

1 Por que a agricultura é importante para os quilombolas?

2 Há comunidades quilombolas na cidade em que você mora?

Em muitas cidades do Brasil existem marcos ligados à história dos africanos e de seus descendentes brasileiros.

A cidade de Salvador, capital do estado da Bahia, por exemplo, recebeu o título de capital afrodescendente do Brasil. Veja abaixo alguns dos motivos para a cidade merecer esse título.

O acarajé faz parte da culinária de Salvador. Esse alimento era originalmente ofertado aos orixás, os deuses africanos. Baiana do acarajé em Salvador, no estado da Bahia, 2013.

A capoeira é uma expressão cultural que mistura luta e dança. Sua origem vem dos negros escravizados no Brasil. Roda de capoeira, em Salvador, no estado da Bahia, 2019.

3. Forme um grupo com os colegas e, com a ajuda do professor, procurem locais na cidade onde vocês moram que são importantes para a história dos africanos e de seus descendentes. Não se esqueçam de registrar os locais que mostram a participação atual dos afrodescendentes. Consultem guias ou mapas da cidade, materiais impressos ou *sites* que falem sobre o assunto. Se não encontrarem informações, pesquisem a capital do seu estado.

- Com as informações encontradas, façam um quadro em folha separada com o nome do local, data de fundação, motivo de sua importância, atividades que ocorriam ou ainda ocorrem nessa região, entre outras informações importantes.
- Façam um cartaz com fotos da cidade e dos locais por vocês destacados como importantes.
- Organizem uma exposição na sala de aula e conversem sobre as informações encontradas.

Tecendo saberes

Os povos Ashanti e Ewe, que vivem nos países africanos de Gana e Togo, produzem tecidos chamados Kente com figuras geométricas que se repetem. A fabricação desses tecidos é difícil, e a técnica é transmitida de pai para filho. Antigamente, esses tecidos eram feitos somente para os reis, mas hoje eles são populares e são vendidos em mercados e feiras.

Otumfuo Nana Osei Tutu II, o 16º rei do Reino Ashanti. República de Gana, 2015.

1. Você sabe onde ficam Togo e Gana? Consulte um mapa político da África e pinte, no mapa ao lado, de **vermelho** o território de Togo e de **amarelo** o território de Gana.

África: Togo e Gana

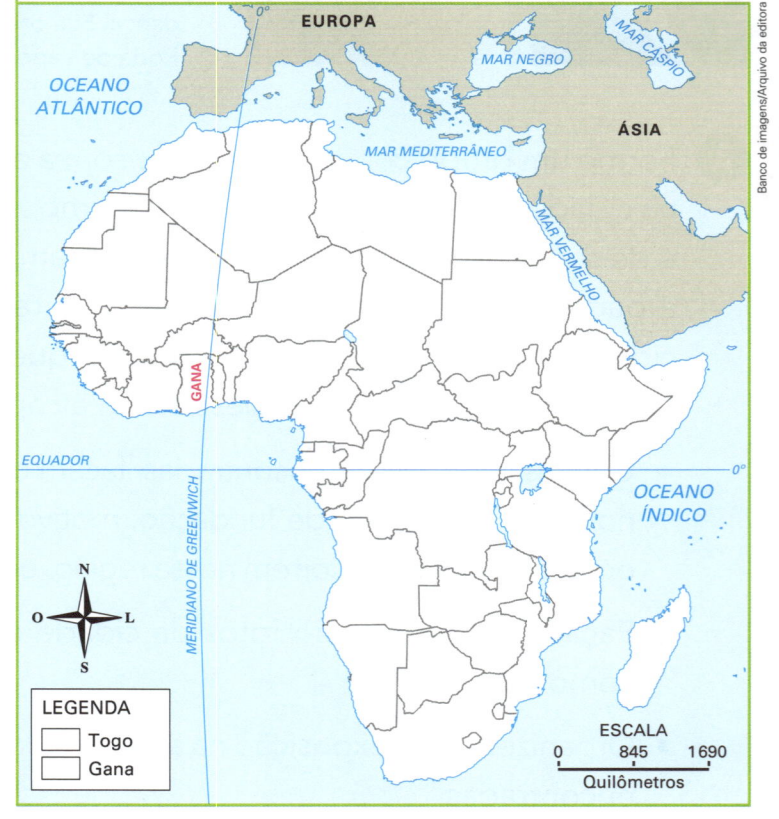

IBGE. **Atlas geográfico escolar**. Rio de Janeiro: IBGE, 2012. p. 45.

2 A imagem abaixo representa uma série de figuras geométricas de um tecido Kente, mas sem as cores. Observe os tecidos desta página e da anterior e pinte a imagem com as cores de que você mais gosta.

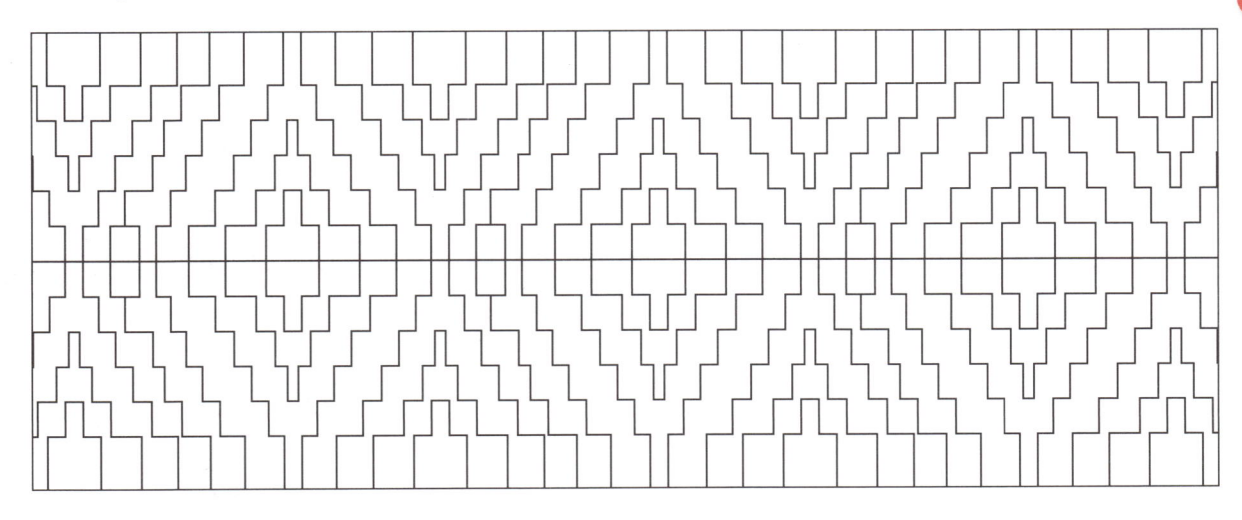

3 Quais figuras geométricas você reconhece no desenho que acabou de pintar?

_____

_____

_____

4 Você consegue criar desenhos parecidos com os dos tecidos Kente? Observe o tecido abaixo, escolha algumas figuras geométricas e crie sua própria estampa.

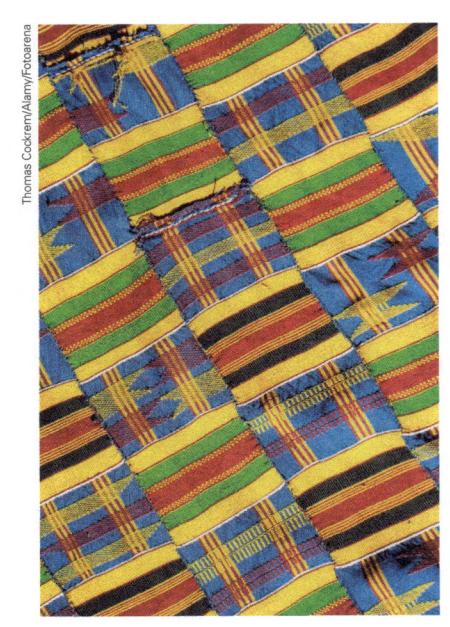

O que estudamos

Eu escrevo e aprendo

Folheie as páginas anteriores e relembre o que estudou. Depois, escreva nos quadros abaixo uma frase sobre algo que aprendeu nesta unidade e que antes não sabia.

Capítulo 3 – Os primeiros moradores do Brasil

_____
_____
_____

Capítulo 4 – A herança africana

_____
_____
_____

Minha coleção de palavras em História

Em cada capítulo desta unidade, há uma palavra destacada para a **Minha coleção de palavras em História**. São palavras comuns em textos de História e vão ajudar você a compreender melhor todos eles. Veja quais são essas palavras no quadro ao lado.

COSTUME, página 61.

REINO, página 68.

1. O que você aprendeu com essas duas palavras? Discuta com os colegas.

2. No caderno, escreva essas duas palavras e o significado de cada uma delas. Ele deve ter relação com o que você aprendeu no capítulo.

Eu desenho e aprendo

Agora vamos trabalhar a **linguagem gráfica**. Para cada capítulo, faça um desenho do que você compreendeu ou achou importante estudar nesta unidade. Se preferir, faça uma colagem.

Capítulo 3

Os primeiros moradores do Brasil

Capítulo 4

A herança africana

Hora de organizar o que estudamos

Centenas de povos indígenas vivem no Brasil. Muitos indígenas vivem em Terras Indígenas afastadas de áreas urbanas, mas alguns vivem nas cidades e procuram manter seus costumes e tradições.

Os hábitos e as tradições culturais dos grupos indígenas são diferentes entre si e diferentes daqueles dos não indígenas, moradores das cidades.

Indígenas yanomamis com ornamentos tradicionais durante festa em Santa Isabel do Rio Negro, no estado do Amazonas, 2017.

Muitos indígenas são prejudicados pela invasão de suas terras por não indígenas que desejam explorar minérios e madeira ou plantar soja e criar gado. Isso interfere no estilo de vida dessas comunidades, que precisam ser respeitadas e protegidas.

Indígena guarani, da aldeia Koenju, pescando com arco e flecha em São Miguel das Missões, no estado do Rio Grande do Sul. Foto de 2016.

As comunidades indígenas se modificam em contato com os não indígenas.
A cultura indígena também influencia a cultura dos não indígenas.

Indígena pataxó com câmera de filmagem nos VIII Jogos Indígenas Pataxó. Porto Seguro, no estado da Bahia, 2014.

Muitos grupos foram obrigados a abandonar seus costumes e tradições e hoje lutam para ser reconhecidos como indígenas.

Diferentemente do que muitas pessoas imaginam, a África não é um país, mas um continente, formado por mais de 50 países. Ali podemos encontrar muitos povos, línguas e culturas diferentes. No continente há cidades muito modernas e aldeias onde a população vive como viviam seus antepassados.

Menina egípcia. Cairo, Egito, 2016.

Quilombolas são comunidades muito antigas, com tradições culturais e religiosas em comum, que habitam terras compradas ou doadas há anos. São em sua maioria formadas por descendentes de negros escravizados.

A história dos povos africanos é muito rica. Vários reinos já existiram em diferentes partes da África, com hábitos e costumes distintos. Os povos africanos dominavam vários conhecimentos, que trouxeram para o Brasil, como conhecimentos de plantas medicinais e a tecnologia para trabalhar metais.

A tribo Maasai vive no sul do Quênia. Parque Nacional Mara, aldeia Obonana, Quênia, 2017.

Para refletir e conversar

- Na sua opinião, é importante que os povos indígenas tenham o seu direito à terra respeitado? Por quê?
- O que você entende pela frase: "Há muitas Áfricas dentro do continente africano"?
- Na sua opinião, é importante aprender sobre a história da África? Por quê?

Unidade

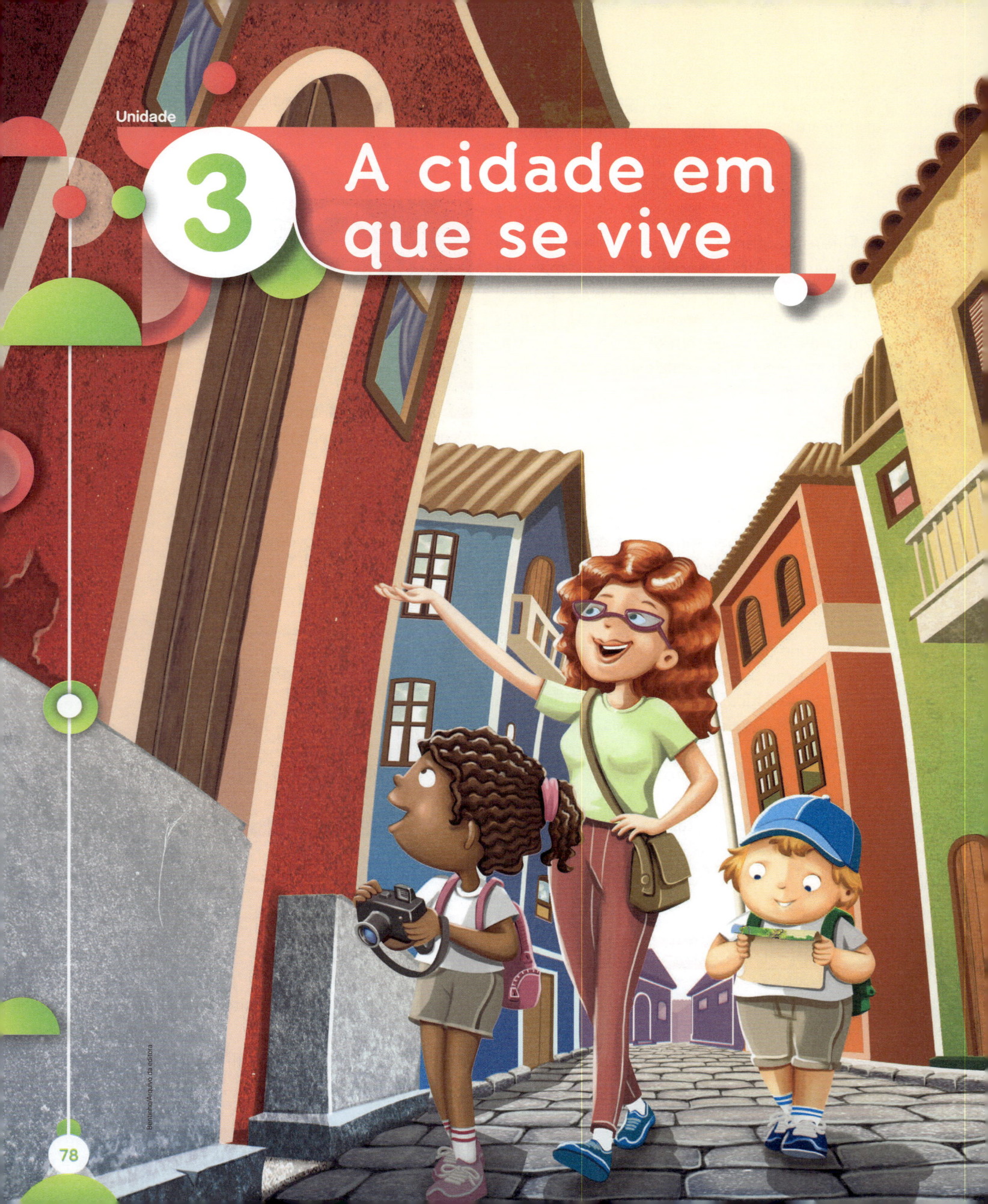

3 A cidade em que se vive

CENTRO HISTÓRICO

- O que as pessoas da ilustração estão fazendo?
- Você conhece algum lugar histórico de sua cidade?
- Você sabe por que esse lugar é importante?

Capítulo

5 Conservar a memória cultural

Você conhece a história da cidade onde mora?

Para iniciar

Leia o texto abaixo sobre a estrada de Caxangá, uma das saídas da cidade do Recife, no estado de Pernambuco. Nela havia muitas propriedades rurais e engenhos para a fabricação de açúcar. Hoje ela se transformou em uma avenida e a paisagem antiga desapareceu.

O motorneiro de Caxangá

[...]
Na estrada de Caxangá
tudo passa ou já passou:
o presente e o passado
e o passado anterior;

Os engenhos de outros
  [tempos,
de que só nome ficou;
os sítios de casas mansas,
que **agonizam** sem rancor;
[...]

MELO NETO, João Cabral de. Quaderna. Lisboa: Guimarães Editores, 1960. p. 56. (Coleção Poesia e Verdade).

- **motorneiro:** condutor de bonde elétrico.
- **agonizar:** estar na iminência da morte, em agonia, moribundo.

1 O que poderia ter sido preservado na avenida Caxangá para se conhecer um pouco de seu passado?

2 Você conhece alguma rua ou avenida que sofreu transformações com o tempo? Quais foram essas transformações?

Os lugares de memória

As cidades e o campo se modificam com o passar do tempo. Por isso, muitos edifícios e objetos antigos precisam ser conservados. Eles são importantes para a História, pois mostram uma parte do dia a dia dos grupos sociais de uma comunidade no passado.

Muitas vezes, pessoas, acontecimentos ou mesmo características do lugar são lembrados em nomes de ruas, praças, monumentos e edifícios.

Veja este exemplo.

Como surgiu o nome desta rua?

A famosa ladeira da Preguiça, em Salvador [no estado da Bahia], ganhou este nome por ter sido a via de acesso de mercadorias vindas do porto para a cidade, levadas em carretões puxados a boi e empurrados por escravos. Do alto de seus casarões, ao verem os escravos tomando fôlego para subir com sacos de 60 quilos nas costas, as elites gritavam: "sobe, preguiça! sobe, preguiça!".

MENEZES, Adriana. Mito ou identidade cultural da preguiça. Ciência e Cultura, v. 57, n. 3. Disponível em: <http://cienciaecultura.bvs.br/scielo.php?script=sci_arttext&pid=S0009-67252005000300005>. Acesso em: 7 abr. 2020.

A ladeira da Preguiça foi uma das primeiras ruas construídas na cidade de Salvador, capital do estado da Bahia. Foto de 2020.

1 Discuta com os colegas e o professor: O nome dado à ladeira do texto é justificado? Por quê?

2 Como se chama a rua onde você mora?

_____

3 Procure saber por que ela recebeu esse nome e escreva abaixo.

_____
_____
_____

Muitas estátuas e monumentos prestam homenagem a pessoas e acontecimentos do passado que foram considerados importantes para a história de uma cidade ou de um país. Mas nossa história é fruto da ação de todos, inclusive das pessoas comuns.

Veja as fotos a seguir.

Sugestões de...
Livros

O museu que Caio inventou. Simone Bibian, Pinakotheke.

Preservando o patrimônio e construindo a identidade. Maria Helena Pires Martins, Moderna.

Site

Museu Imperial. Disponível em: <www.museuimperial.gov.br>.

Monumento a Zumbi dos Palmares, no Rio de Janeiro, no estado do Rio de Janeiro, em 2016. Zumbi viveu entre os anos 1655 e 1695 e liderou o Quilombo dos Palmares, considerado em nossos dias um grande símbolo da luta contra a escravidão.

Busto de Manuel Faustino dos Santos Lira, em Salvador, no estado da Bahia, em 2017. Ele foi um dos líderes da Conjuração Baiana, revolta ocorrida em Salvador em 1798.

4 Por que os monumentos históricos são importantes?

_____

_____

5 Escolha um monumento do lugar onde você mora e escreva: Como é o monumento? A que pessoa ou fato ele homenageia? Qual é a razão da homenagem? Onde ele está localizado?

_____

_____

Saiba mais

A cidade de São Paulo foi fundada por padres em 1554. Inicialmente, eles construíram um colégio. São Paulo cresceu ao redor dele.

Mais tarde, a antiga escola foi demolida e uma nova construção foi feita em seu lugar. Atualmente neste local funciona o Museu Anchieta.

Pátio do Colégio, local da fundação da cidade de São Paulo. Desenho de autoria de Terciano Torres, publicado em 2004, quando a cidade completou 450 anos.

1. Converse com seus colegas:

   a) A imagem mostra algo do passado distante. O quê?

   b) Como você percebe que ela foi produzida recentemente?

2. Forme um grupo com três colegas para caminhar pelos arredores da escola. Registrem em uma folha à parte todas as marcas do passado que encontrarem no caminho.

Marcas do passado

Nas cidades, não só os monumentos e as construções são marcas do passado. Para saber como as pessoas viviam antigamente e como os grupos sociais se organizavam, podemos observar pinturas e fotos, ler livros e revistas, ouvir histórias e relatos, pesquisar festividades e examinar os objetos daquele tempo.

Observe as imagens a seguir.

Festa da Cavalhada, em Maceió, no estado de Alagoas. Foto de 1952.

Crianças brincando de corrida de saco em São Paulo, no estado de São Paulo. Foto de 1976.

Homens conversando em banco de praça em São Paulo, no estado de São Paulo. Foto de cerca de 1910.

1. Como são as festas de sua cidade hoje? Elas acontecem como na foto 1?

2. A foto 3 mostra um hábito antigo das cidades brasileiras. Ele ainda existe hoje?

3. Converse com os colegas: Vocês conhecem brincadeiras antigas como a da foto 2? Vocês gostam de brincar de alguma delas?

Saiba mais

Memória é a capacidade humana de guardar experiências e fatos do passado e de transmiti-los às próximas gerações.

A **memória coletiva ou social** é como a sociedade relembra os fatos e as pessoas do passado. Eles são guardados como memória oficial daquela sociedade.

A **memória individual** é aquela que cada pessoa guarda. É formada por vivências e experiências próprias, além de também guardar aspectos do seu grupo social.

Vamos comparar esses dois tipos de memória?

- Você já viu que os candangos são os migrantes que trabalharam na construção da cidade de Brasília. Com base no que lemos acima, e com a ajuda do professor, faça as seguintes atividades:

    a) Pinte de **vermelho** o quadrado próximo a um elemento da memória individual de um candango.

    b) Pinte de **amarelo** o quadrado próximo a um elemento da memória coletiva ou social sobre os candangos.

Os guerreiros, escultura de bronze de autoria de Bruno Giorgi, em homenagem aos operários que vieram de todo o país para construir Brasília. Foto de 2014.

Depoimento de Affonso Heliodoro dos Santos sobre Brasília

Então, na história do mundo, eu tenho a impressão que a única capital que foi construída a mais de mil quilômetros dos centros desenvolvidos do país em 3 anos foi Brasília, né? Brasília foi um milagre, uma cidade moderníssima, tanto assim que é patrimônio cultural da humanidade, construída em 3 anos, no deserto [...].

Depoimento de Affonso Heliodoro dos Santos. **Museu Virtual Brasil**.
Disponível em: <www.museuvirtualbrasil.com.br/museu_brasilia/uploads/bd531e4f-8c37-7ec7.pdf>.
Acesso em: 3 jul. 2017.

Tecendo saberes

Você sabia que, contando histórias, é possível preservar a memória de um povo? É o que fazem os *griots* no continente africano. Eles são chamados de historiadores tradicionalistas. Os *griots* são responsáveis por guardar e transmitir a história dos reis e de seu povo por meio da fala. Seu ofício passa de pai para filho, e eles são treinados desde a infância.

A presença dos *griots* na África é muito antiga. Por exemplo, a história de um dos governantes do Reino do Mali, entre os anos de 1230 e 1255, foi e é transmitida até hoje para a população por meio dos *griots*.

Atualmente, eles exercem seu ofício em diversos países africanos, como Mali, Guiné e Senegal.

1 O professor vai ler para a classe uma história sobre a Etiópia, na África. Ouça atentamente.

2 O que você achou da história? Ela fala de coisas parecidas com o seu dia a dia?

_____

_____

_____

3 Observe a ilustração abaixo. Em grupo, criem uma história para ser contada para toda a classe.

4 Agora você será o historiador da sua família. Escolha um parente mais velho e peça a ele que conte uma história que aconteceu há muito tempo. Não se esqueça de anotar no caderno o nome dos personagens, os fatos e as datas de quando ocorreram. Depois, narre essa história para a sua turma.

Patrimônio histórico

Muitas construções, livros, obras de arte e objetos antigos devem ser protegidos contra a destruição causada pelo tempo e pelas pessoas. Eles fazem parte do patrimônio histórico de um povo.

O **Forte** dos Reis Magos, em Natal, no estado do Rio Grande do Norte, foi construído há quase quatrocentos anos para defender o litoral daquela região.

Atualmente, ele não tem a mesma função, mas é preservado por ser um testemunho do passado. Ele é parte do patrimônio histórico do Brasil. Observe as imagens.

forte: construção feita para defender um território dos ataques de inimigos.

O Forte dos Reis Magos foi construído em 1631 pelos holandeses e reconstruído em 1654 pelos portugueses. Gravura de Frans Post, produzida por volta de 1639.

Hoje o forte é um museu e ponto turístico de Natal, capital do estado do Rio Grande do Norte. Foto de 2017.

1 Para que servia o forte?

_____

2 Por que essa construção deve ser preservada?

_____

Minha coleção de palavras em História

A palavra a seguir aparece várias vezes neste capítulo:

MEMÓRIA

1. Em que momentos você usa a sua memória?

2. Quando usamos a palavra **memória** neste livro de História, estamos nos referindo somente à própria memória, aquela que usamos nas tarefas do cotidiano?

Memória e museus

No Brasil, nem sempre as grandes cidades conservam bem o seu patrimônio histórico. Muitas construções são destruídas para dar lugar a edificações novas. Observe as fotos a seguir.

Rua do Giz, em São Luís, no estado do Maranhão, 1908.

Rua do Giz, em São Luís, no estado do Maranhão, 2017.

Até o início do século XX, Florianópolis era conhecida como Nossa Senhora do Desterro. Pintura **Uma visão de Nossa Senhora do Desterro**, de Victor Meirelles (óleo sobre tela, 71,7 cm × 119,2 cm), 1847.

Vista da cidade de Florianópolis, no estado de Santa Catarina, 2017.

1 Em qual desses dois lugares a memória foi mais bem conservada, na rua do Giz, em São Luís, ou na região central de Florianópolis?

_____

2 Explique como você percebeu isso.

_____
_____

Algumas cidades brasileiras preservaram muitas construções antigas. Conservaram, às vezes, quarteirões ou mesmo bairros inteiros da época em que o Brasil era colônia de Portugal.

Elas são chamadas de cidades históricas e, por lei, não se pode derrubar nem modificar as paredes externas das construções antigas.

Veja duas imagens de uma cidade histórica do Brasil.

Vila Rica, antigo nome da cidade de Ouro Preto, no estado de Minas Gerais, no século XIX. Pintura atribuída a Arnaud Julien Pallière (óleo sobre tela, 36,5 cm × 96,8 cm), cerca de 1820.

A cidade de Ouro Preto, no estado de Minas Gerais, além de Patrimônio Histórico Nacional, foi designada Patrimônio Cultural da Humanidade pela Unesco. Foto de 2016.

3 Converse com os colegas: Quais são as semelhanças e as diferenças entre uma cidade histórica como Ouro Preto e a cidade onde vocês moram?

4 Você conhece alguma cidade histórica brasileira? Caso conheça, escreva o nome dela e descreva como ela é.

_____
_____
_____
_____

Museus são instituições que reúnem objetos, esculturas, móveis, pinturas e outros materiais que fazem parte da história de uma comunidade, de um povo, de um tempo ou de um lugar. Ao visitar museus históricos, é possível conhecer os modos de vida e os valores das pessoas do passado.

5. A fotografia abaixo mostra móveis e objetos de imigrantes alemães do início do século XX, no Sul do Brasil. Observe:

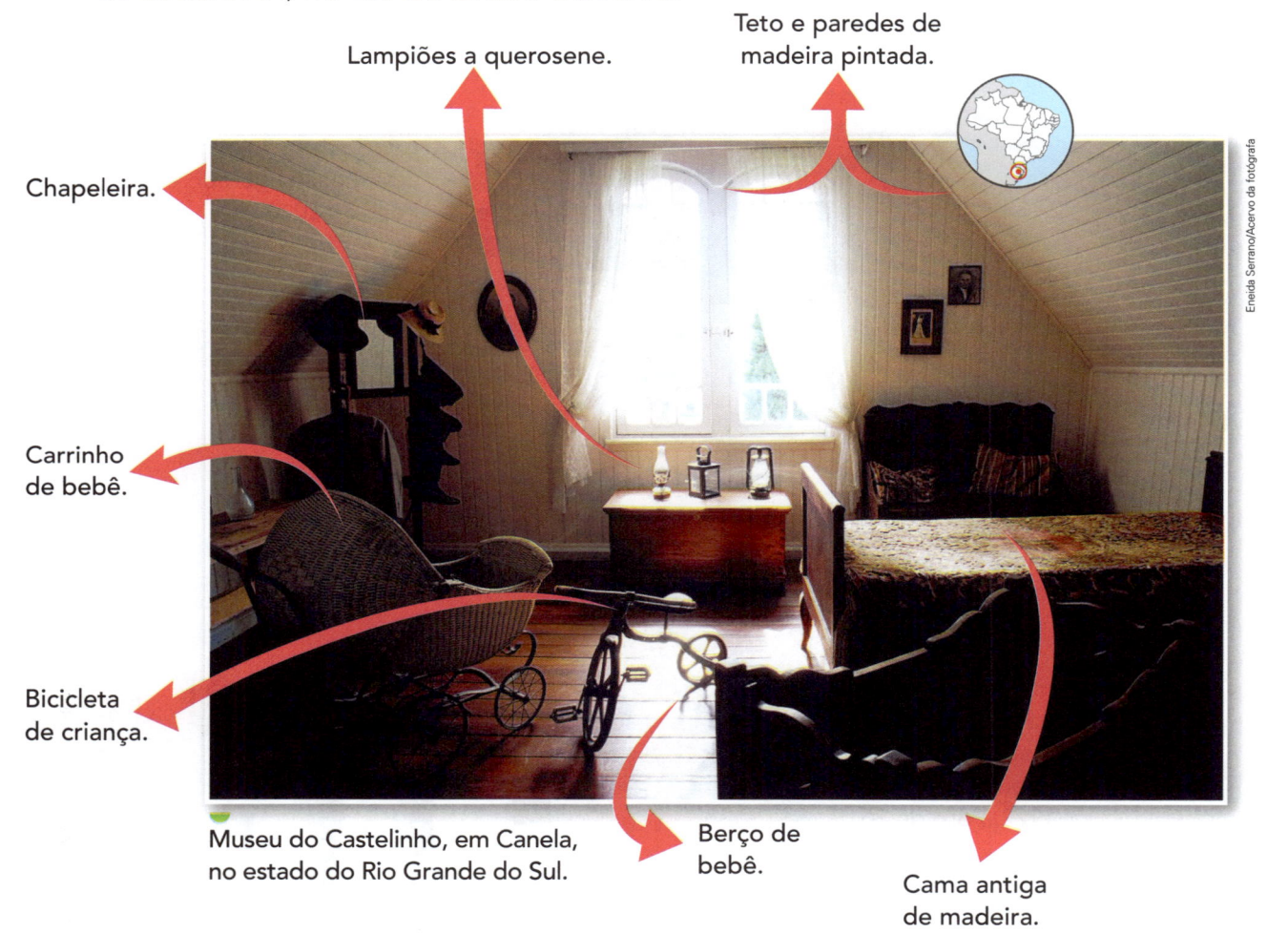

Lampiões a querosene.
Teto e paredes de madeira pintada.
Chapeleira.
Carrinho de bebê.
Bicicleta de criança.
Museu do Castelinho, em Canela, no estado do Rio Grande do Sul.
Berço de bebê.
Cama antiga de madeira.

- Complete o quadro abaixo com os objetos destacados na imagem.

Objetos que ainda usamos	Objetos que não usamos mais

Alguns museus foram instalados em construções que antes tinham outros usos. Outros foram construídos especialmente para serem museus.

6 Observe as fotos desta página e da página seguinte. Em sua opinião, qual (ou quais) das construções mostradas foi (foram) edificada(s) com o propósito de ser um museu? E qual (ou quais) delas era(m) construção(ões) antiga(s)?

O Museu Oscar Niemeyer, em Curitiba, no estado do Paraná, leva o nome do arquiteto que o projetou. Ele recebe principalmente exposições de arte. Foi inaugurado em 2003. Foto de 2016.

O Museu Republicano Convenção de Itu foi instalado na antiga residência de uma família de fazendeiros na cidade de Itu, no estado de São Paulo. Foi inaugurado em 1922. Foto de 2019.

O Museu Afro-Brasileiro fica na cidade de Salvador, no estado da Bahia, e possui objetos e obras de arte da cultura africana e também afro-brasileira. Ele funciona no local onde havia sido instalada, em 1808, a primeira escola de Medicina do Brasil. Foi inaugurado em 1982. Foto de 2020.

O Museu Imperial, na cidade de Petrópolis, no estado do Rio de Janeiro, foi a residência de verão da família imperial do Brasil. Sua construção teve início em 1854. Foi transformado em museu em 1943. Foto de 2016.

O Museu Paraense Emílio Goeldi, criado em 1866, na cidade de Belém, no estado do Pará, dedica-se ao estudo científico das plantas e dos animais da Floresta Amazônica. Foto de 2017.

No Museu de Pré-História Casa Dom Aquino, fundado em 2006, na cidade de Cuiabá, no estado de Mato Grosso, estão expostos objetos paleontológicos, como fósseis de dinossauros e de tatus-gigantes. Foto de 2016.

7 Converse com os colegas:

a) Existe um museu na sua cidade? Qual?

b) Você já visitou um museu? Como foi essa experiência?

8 Dos museus mostrados nestas páginas, qual você gostaria de visitar? Por quê?

Capítulo 6

A formação cultural

Você aprendeu ou aprende alguma tradição com sua família que seja passada de uma geração para outra? O quê?

Para iniciar

Leia o poema a seguir.

Tempo do futuro

Passado,
presente,
futuro.

Esses três tempos
aqui se misturam.
[...]

Será a partir do ontem,
Das lutas e conquistas,
Das memórias que resistem
ao esquecimento.

Será a partir do hoje,
Do trabalho, da coragem,
do **engajamento**,
Do diálogo
e da tolerância.

[...]

Tempo do futuro,
um tempo
que já começou.

> **engajamento:** participação de modo voluntário em alguma atividade ou trabalho.

Tempo do futuro. **Exposição Os 12 tempos – Museu da Maré**. Disponível em: <www.museudamare.org.br/index.php?option=com_content&view=article&id=65&Itemid=78>. Acesso em: 9 nov. 2017.

1. De acordo com o poema, quais atitudes devemos tomar hoje para termos um futuro melhor?

2. E do passado, o que é importante respeitar?

3. As crenças, as tradições e a memória coletiva, entre outras coisas, formam a cultura de um grupo social. Na sua opinião, o que você aprende com sua família faz parte disso?

As comunidades da cidade e a memória

As manifestações culturais, muitas delas realizadas há gerações, ajudam as comunidades urbanas a preservar as suas memórias. Assim, muitos costumes e tradições dos seus grupos sociais são mantidos.

Chamamos de patrimônio cultural o conjunto de bens, festas, cultos, culinária, vestimentas e outras tradições de um povo. É nossa obrigação cuidar, valorizar e transmitir o patrimônio às gerações mais jovens.

Um exemplo de manifestação cultural é a Festa de São Benedito, que acontece todo ano em Cuiabá, capital do estado de Mato Grosso, fundada em 1719.

Festa – São Benedito é a festa preferida

A Festa de São Benedito é a mais longa do estado. Dura em média 30 dias. Começa na primeira semana de junho – com a peregrinação da bandeira nas comunidades vizinhas, jantares e reuniões em residências tradicionais – e termina no segundo domingo de julho.

[...]

Oficialmente a Festa de São Benedito surgiu em 1897. [...] Na época, somente as famílias mais **abastadas** participavam desse grupo, pois eram elas que mantinham a igreja e a festa.

Mas foram os escravos que primeiro homenagearam o santo com festas e oferendas. Desde 1721 os negros tinham São Benedito como símbolo de luta e fé.

Festa – São Benedito é a festa preferida. **Diário de Cuiabá**. Disponível em: <www.diariode cuiaba.com.br/especial2.php?cod=5&mat=15218>. Acesso em: 27 jun. 2017.

Missa de São Benedito em Cuiabá, no estado de Mato Grosso, 2017.

A paçoca de pilão é um prato típico cuiabano que leva farinha de mandioca e carne-seca.

● **abastadas:** pessoas de boa situação financeira.

1 Na sua cidade há alguma festa tradicional?

a) O que você gosta de comer nessas festas?

b) Quais são os grupos sociais que organizam as festas na sua cidade?

c) Você conhece a origem dessas festas?

Na arquitetura, as comunidades também deixam sua herança cultural para as próximas gerações. Em alguns lugares do Brasil isso se nota muito claramente. Apresentamos alguns exemplos a seguir.

No litoral do Nordeste brasileiro, a influência portuguesa pode ser vista nas centenas de igrejas e em outras construções do período colonial que existem até hoje nas cidades da região. Recebeu também grande influência indígena e dos negros escravizados. Nessa época, a região foi a grande produtora de açúcar para os mercados europeus.

Fachada do centro cultural São Francisco, na cidade de João Pessoa, no estado da Paraíba. As construções têm influência barroca e mostram a presença dos portugueses e da Igreja católica na região. Foto de 2017.

O largo do Pelourinho, na cidade de Salvador, estado da Bahia, possui um conjunto de construções que também mostram influências da colonização portuguesa.

No centro do largo encontra-se o Pelourinho, uma coluna de pedra onde os escravos e os criminosos eram amarrados e castigados publicamente. O Pelourinho é um símbolo dos tempos duros da escravidão e também da resistência negra.

Hoje o Pelourinho abriga diversos grupos e manifestações da cultura negra da cidade.

Apresentação do Olodum no Pelourinho, centro histórico de Salvador, no estado da Bahia. Foto de 2016.

O Sul do Brasil é uma região que recebeu muitos imigrantes europeus, principalmente italianos e alemães. A presença desses dois grupos pode ser percebida não só na arquitetura, mas também nos sobrenomes das pessoas, na culinária, entre outros aspectos.

Casas com esse estilo arquitetônico são encontradas no Sul do Brasil, nas áreas de colonização alemã e são típicas de diversas regiões da Europa. Casa na cidade de Feliz, no estado do Rio Grande do Sul. Foto de 2016.

Espetáculo de dança durante a Oktoberfest, festa de origem alemã, no município de Blumenau, no estado de Santa Catarina. Foto de 2015.

2 Com a ajuda do professor, converse com os colegas sobre sua cidade: Algum grupo social deixou marcas na arquitetura local?

3 De qual das imagens apresentadas nestas duas páginas você mais gostou? Explique o porquê.

Música e tradição

Outras heranças das comunidades também podem ser encontradas nas cidades. Uma delas é o samba, gênero musical originado de ritmos africanos e uma das principais manifestações culturais brasileiras. Há diferentes tipos de samba, em várias regiões do Brasil: samba de roda, partido-alto, pagode, samba de breque, samba-canção, bossa nova, samba *rock*, samba *rap*, entre outros.

O samba-enredo surgiu nas escolas de samba da cidade do Rio de Janeiro. Atualmente elas são mundialmente famosas. A ala da **Velha Guarda** é formada por antigos compositores e pelos baluartes do samba. Os membros da Velha Guarda são testemunhas da história do samba, das escolas de samba e da própria cidade do Rio de Janeiro.

- **baluartes:** pioneiros da escola, pessoas encarregadas de manter viva a tradição e passar essa cultura para as novas gerações.

- Velha Guarda da escola de samba Portela, em desfile de Carnaval. Rio de Janeiro, no estado do Rio de Janeiro, 2016.

Leia o depoimento do sambista Nélson Sargento, membro da Velha Guarda da Escola de Samba Estação Primeira de Mangueira.

Na Mangueira, parte da história pode ser contada com os sambas de Nélson Sargento, baluarte que tem satisfação com o título. "Comecei em 1948, de lá para cá aconteceu muita coisa boa comigo, e ainda acontece. Sou presidente de honra da escola, saio em todos os carnavais, sou baluarte da escola e sou Mangueira até morrer", disse orgulhoso. Ser mangueirense para ele é respeitar a escola e poder participar do cotidiano dela. "Isso me deixa satisfeito. Ver a Mangueira sempre com progresso."

BRASIL, Cristina Índio. Compositores da Velha Guarda e baluartes têm orgulho de suas escolas. **Agência Brasil**. Disponível em: <http://agenciabrasil.ebc.com.br/cultura/noticia/2016-01/compositores-da-velha-guarda-e-baluartes-tem-orgulho-de-suas-escolas>. Acesso em: 9 nov. 2017.

1 Você conhece alguma canção de samba? Consegue cantá-la com os colegas?

A viola de cocho, de origem portuguesa, é um instrumento musical típico dos estados de Mato Grosso e Mato Grosso do Sul. Ela possui forma e sonoridade diferentes das outras violas. O modo de fazer essa viola é tão especial que somente algumas pessoas mais velhas sabem. Essas pessoas são chamadas de mestres cururueiros.

Para esse conhecimento não se perder e desaparecer para sempre, o modo de fazer a viola de cocho foi registrado como patrimônio imaterial da região.

A viola de cocho é afinada de formas diferentes, dependendo de qual será seu uso. O instrumento está presente nas rodas de cururu, siriri, na dança de São Gonçalo e no boi à serra, danças típicas dos estados de Mato Grosso e de Mato Grosso do Sul.

Artesão esculpindo uma viola de cocho em madeira em feira de expositores em São Paulo, no estado de São Paulo. Foto de 2014.

Grupo de dança Siriri e Boi-Bumbá. Cuiabá, no estado de Mato Grosso. Foto de 2015.

2 Existe algum instrumento musical muito popular em sua região? Em caso afirmativo, procure em dicionários, enciclopédias ou na internet sobre a origem dele. Em caso negativo, pesquise a origem de algum instrumento musical de que você goste. Registre abaixo as informações que você encontrou.

_____

_____

_____

_____

Os diferentes modos de vida

As pessoas têm origens, costumes e vivências diferentes. Esses aspectos são importantes para reconhecermos a identidade de um grupo social ou de um povo.

Pessoas muito diferentes podem viver em uma mesma cidade e conservar os seus costumes antigos, mas também adquirir costumes novos. Essas pessoas, embora diferentes entre si, devem procurar ter uma boa convivência.

Moradores do campo trabalham, em sua maioria, na agricultura, na pecuária e no extrativismo dos produtos da natureza. Os moradores das cidades, geralmente, trabalham na indústria, no comércio e na prestação de serviços.

As pessoas do campo e da cidade possuem hábitos, costumes e tradições diferentes. Antigamente essa diferença era maior. Hoje, com os modernos meios de comunicação e transporte, o contato entre campo e cidade aumentou, diminuindo as diferenças entre os modos de vida dessas pessoas.

Observe as fotos abaixo.

Quadrilha de festa junina em praça no centro da cidade de Bueno Brandão, no estado de Minas Gerais, 2016. As festas juninas vieram de Portugal.

Casa em área rural com antena parabólica na cidade de Maravilha, no estado de Santa Catarina, 2015.

1 Qual foto apresenta uma tradição que era do campo e agora também pertence à cidade? O que ela mostra?

2 Identifique na foto 2 um elemento que revela um costume da cidade que chegou ao campo.

Saiba mais

Muitos indígenas moram nas cidades, utilizam telefones celulares e se vestem como qualquer outro morador do lugar. Leia com o professor um texto de Daniel Munduruku sobre como é ser indígena na cidade de São Paulo.

Certa feita tomei o metrô rumo à praça da Sé. Eram meus primeiros dias em São Paulo, e eu gostava de andar de metrô e ônibus. Tinha um gosto especial em mostrar-me para sentir a reação das pessoas quando me viam passar. [...]

Nessa ocasião a que me refiro, ouvi o seguinte diálogo entre duas senhoras que me olharam de cima a baixo quando entrei no metrô:

— Você viu aquele moço? Parece que é índio — disse a senhora **A**.

— É, parece. Mas eu não tenho tanta certeza assim. Não viu que ele usa calça jeans? Não é possível que ele seja índio usando roupa de branco. Acho que ele não é índio de verdade — disse a senhora **B**.

— É, pode ser. Mas você viu o cabelo dele? É lisinho, lisinho. Só índio tem cabelo assim, desse jeito. Acho que ele é índio sim — defendeu-me a senhora **A**.

— Sei não. Você viu que ele usa relógio? Índio vê a hora olhando pro tempo. O relógio do índio é o sol, a lua, as estrelas... Não é possível que ele seja índio — argumentou a senhora **B**.

— Mas ele tem o olho puxado — disse a senhora **A**.

— E também usa sapatos e camisa — ironizou a senhora **B**. — [...] como um índio poderia estar andando de metrô? Índio de verdade mora na floresta, carrega arco e flechas, caça e pesca e planta mandioca. Acho que não é índio coisa nenhuma.

[...]

— Por via das dúvidas...

— O que você acha de falarmos com ele?

— E se ele não gostar?

— Paciência... Ao menos nós teremos informações mais precisas, você não acha?

— É, acho, mas confesso que não tenho muita coragem de iniciar um diálogo com ele. Você pergunta? — disse a senhora **B**, que a esta altura já se mostrava um tanto constrangida.

— Eu pergunto.

Eu estava ouvindo a conversa de costas para as duas e de vez em quando ria com vontade. De repente senti um leve toque de dedos em meu ombro. Virei-me. Infelizmente elas demoraram a chamar-me. Meu ponto de desembarque estava chegando.

Olhei para elas, sorri e disse:

— Sim!

MUNDURUKU, Daniel. É índio ou não é índio? **Histórias de índio**. São Paulo: Companhia das Letrinhas, 1996. p. 34.

Por que as senhoras ficaram em dúvida se Daniel era indígena ou não?

Mesmo vivendo em cidades, muitos indígenas do Amazonas tentam manter alguns costumes e hábitos que mostram a identidade de seu povo. Um desses hábitos é a forma de se alimentar, tendo como base o consumo de peixe e farinha de mandioca.

Muitos restaurantes de Manaus, capital do estado do Amazonas, aprendem com os indígenas e as pessoas mais velhas a fazer os pratos tradicionais para atrair turistas com a **culinária** típica da região.

Sugestões de... Livros

Kunumi Guarani. Wera Jeguara Mirim, Panda Books.

O mundo muda... se a gente ajuda! Flávia Savary, FTD.

- **culinária:** conjunto de pratos típicos de uma região.

3 Veja as fotos a seguir.

A pupeca ou o peixe assado na folha de bananeira também é um prato típico conservado pelos indígenas. Manaus, no estado do Amazonas, 2017.

Damorida, prato típico de origem indígena. Boa Vista, no estado de Roraima, 2014.

- Você conhece um dos pratos mencionados acima?

Minha coleção de palavras em História

A palavra a seguir aparece várias vezes neste capítulo:

IDENTIDADE

1. Escreva uma frase com a palavra **identidade**.

_____

_____

2. Você costuma usar essa palavra no seu cotidiano? Discuta com os colegas.

Assim também aprendo

Você já comeu tapioca?

Feita de uma farinha de mandioca fina, a tapioca é uma comida típica nordestina, de origem indígena, que hoje é popular em quase todo o Brasil. Esse prato pode ser feito com recheio doce ou salgado.

Com a supervisão de um adulto, experimente uma receita de tapioca. Você também pode inventar recheios e compartilhar com os colegas.

Como preparar a tapioca:

Distribua a massa da tapioca em uma frigideira preaquecida. Esquente um lado até que você possa virá-lo sem despedaçar a tapioca. Esquente o outro lado e separe.

Coloque o recheio de sua preferência sobre a massa aberta da tapioca e feche-a como um sanduíche. Está pronta!

Tapioca com tucumã, comida típica de Manaus, no estado do Amazonas. Foto de 2016.

Produção de beiju de tapioca na cidade de Laje, no estado da Bahia. Foto de 2016.

Populações tradicionais

Além das comunidades urbanas e rurais há outras comunidades que têm cultura própria e modo de vida bastante diferente da grande maioria dos brasileiros. Elas preservam rituais, crenças, tradições e conhecimentos sobre saúde, agricultura e meio ambiente próprios.

Elas são chamadas de populações tradicionais e vivem em um território do qual retiram os recursos naturais para a sua sobrevivência sem destruir o meio ambiente.

Atualmente, essas comunidades correm o risco de desaparecer. Elas sabem que devem preservar a sua cultura e o seu modo de viver e lutam para ter o controle do território que ocupam e exploram.

Veja algumas dessas populações.

Extração de látex de seringueira em Belterra, no estado do Pará, 2017. Os seringueiros percorrem alguns trechos da Floresta Amazônica para tirar o látex das seringueiras. Eles vivem em clareiras na floresta.

Coleta e transporte de erva-mate em Turvo, no estado do Paraná, 2014. Os faxinais são comunidades rurais do centro do Paraná que existem há mais de dois séculos. Usam a terra de forma coletiva para criar animais e extrair os produtos da natureza.

Jangadas em Trairi, no estado do Ceará, 2016. Os jangadeiros vivem no litoral do Nordeste do Brasil. Eles são bons navegadores e conhecem os melhores locais para pescar.

Comitiva de boiadeiros em Poconé, no estado de Mato Grosso, 2015. O povo pantaneiro cria gado em fazendas no Pantanal. Possui tradições e costumes próprios, como danças e festas.

1 Sob a orientação do professor, forme um grupo com alguns colegas. Busquem informações sobre os pantaneiros de Mato Grosso do Sul, em livros ou na internet. Depois, comparem o seu trabalho com o dos outros grupos.

2 Escreva nos quadros abaixo o que se pede.

Como se veste o homem pantaneiro

_____
_____
_____
_____

Festas e tradições

_____
_____
_____
_____

Comidas e bebidas

_____
_____
_____
_____

Danças

_____
_____
_____
_____

Mitos e lendas

_____
_____
_____
_____

O que estudamos

Eu escrevo e aprendo

Folheie as páginas anteriores e relembre o que estudou. Depois, escreva abaixo uma frase sobre algo que aprendeu nesta unidade e que antes não sabia.

Capítulo 5 – Conservar a memória cultural

_____
_____
_____

Capítulo 6 – A formação cultural

_____
_____
_____

Minha coleção de palavras em História

Em cada capítulo desta unidade, há uma palavra destacada para a **Minha coleção de palavras em História**. São palavras comuns em textos de História e vão ajudar você a compreender melhor todos eles. Veja quais são essas palavras no quadro ao lado.

MEMÓRIA, página 88.

IDENTIDADE, página 102.

1. O que você aprendeu com essas duas palavras? Discuta com os colegas.

2. Em um quadro no caderno, escreva essas duas palavras e o significado de cada uma delas. Ele deve ter relação com o que você aprendeu no capítulo.

Eu desenho e aprendo

Nesta atividade você vai utilizar a **linguagem gráfica** para retomar o que estudou na unidade. Com base no que você estudou sobre o patrimônio histórico, faça um desenho ou uma colagem para representar um lugar, uma construção ou um monumento que você considera marcante na história da sua cidade.

- Agora, represente com um desenho ou uma colagem uma tradição cultural da sua cidade, estado ou país.

Hora de organizar o que estudamos

As pessoas deixam vestígios para gerações futuras, assim como herdam lembranças de gerações passadas.

Construções e costumes são marcas do passado.

O Museu Imperial, na cidade de Petrópolis, no estado do Rio de Janeiro, foi a residência de verão da família imperial do Brasil. Sua construção teve início em 1854. Foi transformado em museu em 1943. Foto de 2016.

Os museus são instituições que guardam objetos, esculturas, móveis, pinturas e outros materiais que fazem parte da história de uma comunidade, de um povo, de um tempo ou de um lugar.

Museu Oscar Niemeyer em Curitiba, no estado do Paraná. Foto de 2016.

Os habitantes de uma cidade podem ter origens e costumes diferentes. Esses habitantes podem manter seus costumes antigos e também adquirir novos.

Espetáculo de dança durante a Oktoberfest, festa de origem alemã, no município de Blumenau, no estado de Santa Catarina. Foto de 2015.

Hoje podemos encontrar muitos elementos da cidade no campo e do campo na cidade. Alguns grupos populacionais têm cultura bastante diferente da maioria dos brasileiros.

A identidade de um povo é formada pelos seus costumes, sua língua, suas festividades, entre outros traços culturais, que podem ser mantidos ou transformados ao longo do tempo.

Apresentação do Olodum no Pelourinho, centro histórico de Salvador, no estado da Bahia. Foto de 2016.

Não são apenas os lugares que podem ser considerados patrimônios e fontes de ligação entre o presente e o passado. Objetos, danças, música, formas de preparar os alimentos ou outros bens são preservados por seu valor histórico e cultural.

Jangadas em Trairi, no estado do Ceará. Foto de 2016. Os jangadeiros vivem no litoral do Nordeste do Brasil. Eles são bons navegadores e conhecem os melhores locais para pescar.

Para refletir e conversar

- Na sua opinião, a memória é importante para o estudo da História? Explique.
- Imagine que sua família possui uma tradição que ninguém mais conhece. De que maneira vocês poderiam manter essa tradição?
- Por que é importante preservar os patrimônios históricos e culturais?

Unidade

4 Trabalhar e viver

Bentinho/Arquivo da editora

- O que as pessoas da ilustração estão fazendo?
- Uma das principais atividades dos adultos é o trabalho. Quais são as profissões que aparecem na imagem?
- O lazer também é muito importante. Qual é a sua brincadeira preferida?

111

Capítulo 7
O trabalho através do tempo

Que profissão você gostaria de exercer no futuro?

Para iniciar

Leia os poemas abaixo.

O marujo

Marinheiro pequenino
bebeu algo ao se deitar.
Acordou de madrugada:
a sua cama era um mar.

O bombeiro

Blen blen blen blen
Quem vem?
Quem vem?
É o bom
bombeiro
e vem ligeiro.
Alguém o chama
pra apagar a chama.
Ele vem que vem
blen blen blen blen.

O carpinteiro

Bate bate martelinho
mas não bata feito cego.
Cuidado com o meu dedo
que o meu dedo não é prego.

PAES, José Paulo. Profissões. In: **Poemas para brincar**. São Paulo: Ática, 2008.

1. Quais são as profissões citadas nos poemas?

2. O que fazem esses profissionais?

3. Quem inventou o trabalho? Será que ele sempre existiu?

O uso da tecnologia no trabalho

No passado, a maior parte dos povos dividia o trabalho de forma muito simples: os homens caçavam e pescavam; as mulheres cuidavam da roça e das tarefas domésticas.

Hoje, há muitos outros tipos de trabalho e profissões, e mulheres e homens podem exercer qualquer uma delas. Algumas profissões são muito diferentes das que havia antigamente.

As profissões e os ofícios se modificam ou desaparecem com o passar do tempo, e outros novos são criados. Isso acontece com o surgimento de novas tecnologias. Além disso, as transformações e mudanças nas sociedades criam novos costumes e necessidades.

O desenvolvimento de maneiras de gerar e distribuir eletricidade aceleraram muito a descoberta de novas tecnologias, máquinas e equipamentos. Com isso surgiram novas profissões. A internet também está provocando outras novas mudanças, fazendo surgir tecnologias e trabalhos mais modernos.

Sugestão de...
Site
Museu de Artes e Ofícios.
Disponível em: <www.mao.org.br/>.

Os charreteiros conduziam charretes, usadas há mais de cem anos. Foto na cidade de São Paulo, em 1910.

Os africanos escravizados abasteciam as casas com água que apanhavam em fontes ou bicas. **Carregadores de água**, gravura de Johann Moritz Rugendas, 1835.

Os acendedores de lampiões eram responsáveis pela iluminação das cidades antes da iluminação elétrica, há pouco mais de cem anos. Foto na cidade do Rio de Janeiro, [s.d.].

1 Quais profissões registradas nas fotografias da página anterior ainda existem?

_____

_____

2 Você conhece alguma profissão que se pareça com as da página anterior?

_____

_____

_____

3 Converse com os colegas sobre estas questões:

a) Em sua opinião, que profissões de hoje não existirão no futuro?

b) Imagine uma profissão que só vai existir no futuro. Como ela seria?

4 Observe as fotos a seguir, que mostram ambientes de trabalho e profissões que usam tecnologias mais modernas do que as que vimos na página anterior.

Funcionário trabalha em sala de controle de operações da usina hidrelétrica de Itaipu, em Foz do Iguaçu, no estado do Paraná. Foto de 2015.

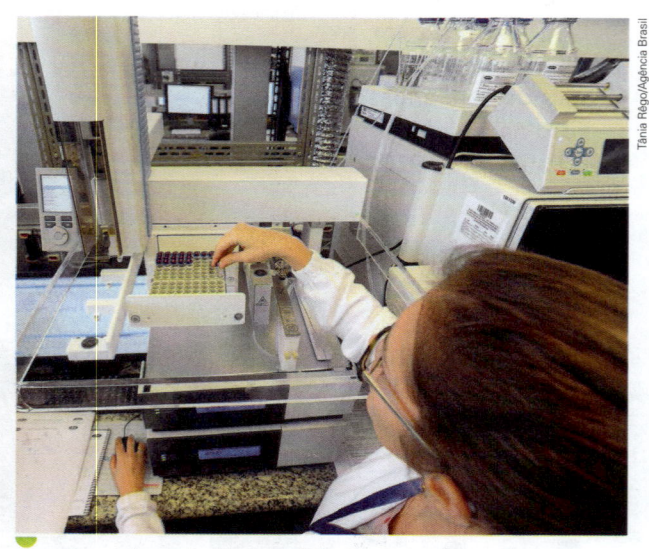

Funcionária trabalha em laboratório de exames clínicos computadorizados, na cidade do Rio de Janeiro, no estado do Rio de Janeiro. Foto de 2016.

a) Entreviste adultos conhecidos e pergunte a eles sobre outras profissões modernas.

b) Compartilhe com o professor e os colegas o nome das profissões que você descobriu.

> **Saiba mais**

Hoje em dia, aproximadamente metade da população feminina no Brasil trabalha fora de casa e exerce quase todas as profissões. Isso é recente em nossa história. Há pouco mais de 50 anos as mulheres exerciam algumas poucas profissões, além de cuidar da casa e dos filhos.

1. Leia esta letra de canção composta em 1952. Depois, responda às questões.

Lata d'água

Lata d'água na cabeça
Lá vai Maria
Lá vai Maria
Sobe o morro, não se cansa
Pela mão leva a criança

Lá vai Maria
Maria lava roupa lá no alto
Lutando pelo pão de cada dia
Sonhando com a vida no asfalto
Que acaba onde o morro principia.

ANTONIO, Luiz; JÚNIOR, J. **Lata d'água** (samba de Carnaval). Intérprete: Marlene. Columbia Records: 1952. Letra disponível em: <www.mpbnet.com.br/musicos/marlene/letras/lata_dagua.html>. Acesso em: 2 mar. 2020.

a) Qual era a profissão de Maria?

b) Essa profissão ainda existe? Por quê?

c) Quem cuidava do filho de Maria enquanto ela trabalhava?

2. Observe as fotos e escreva uma legenda com o nome de cada profissão.

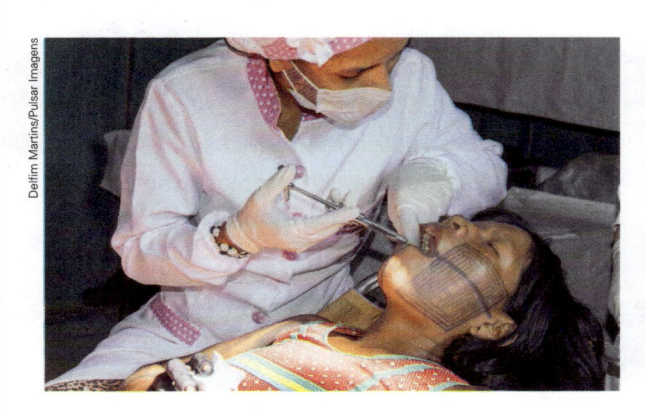

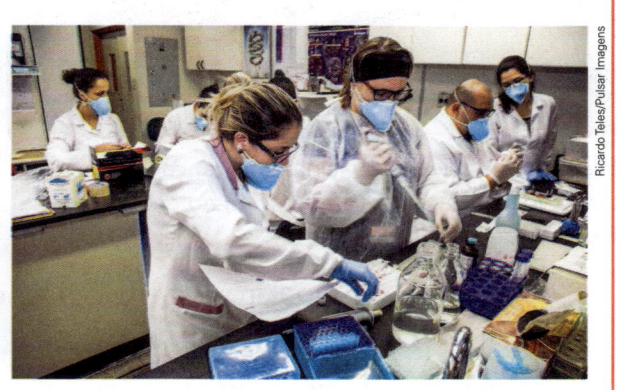

_____   _____

3. Você conhece mulheres que trabalham fora de casa? Em quais profissões?

Os setores da economia

Atualmente, as profissões pertencem a três setores da economia, chamados primário, secundário e terciário.

O setor **primário** é o da agricultura, da pecuária, do extrativismo vegetal e da mineração. O setor **secundário** é o das indústrias, que fabricam e transformam produtos. O setor **terciário** é o do comércio, dos bancos, dos serviços (cabeleireiros, dentistas, etc.), dos cinemas e de outras diversões. Em todos esses setores, cada vez mais a tecnologia e a mecanização têm provocado a substituição do trabalho humano pelo trabalho das máquinas.

1 Observe as imagens abaixo.

1. Operários trabalhando em linha de montagem de ônibus e caminhões, na cidade de Resende, no estado do Rio de Janeiro, em 2015.

2. Pescadores trabalhando em Japaratinga, no estado de Alagoas, em 2015.

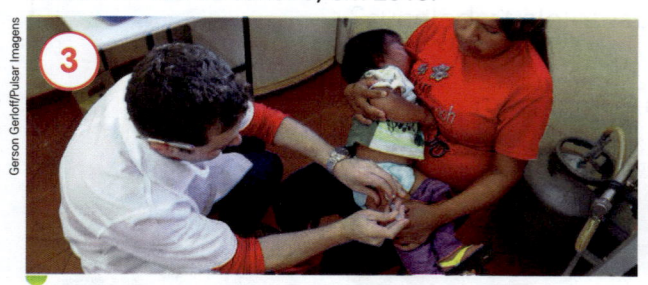

3. Enfermeiro aplicando vacina em criança indígena do povo kaingang, em Redentora, no estado do Rio Grande do Sul, em 2014.

4. Operador de máquinas agrícolas arando solo, em local próximo à cidade de Itaberaí, no estado de Goiás, em 2016.

- Escreva no quadro abaixo o nome das profissões de acordo com o setor ao qual pertencem.

Setor primário	Setor secundário	Setor terciário

A terra e a mecanização do trabalho

Quando os seres humanos começaram a praticar a agricultura, usavam a própria força e instrumentos muito simples feitos à mão. Depois, começaram a domesticar animais e a usá-los para trabalhar a terra.

Pouco a pouco, o ser humano inventou novos instrumentos, equipamentos e novas técnicas para fazer o trabalho no campo.

Hoje, há grandes plantações cultivadas com o uso de máquinas rápidas e eficientes. Mas, em muitos lugares do Brasil e do mundo, as atividades no campo ainda são feitas como há muito tempo, ou seja, sem máquinas modernas.

Lavrador operando arado com tração animal em Petrolina, no estado de Pernambuco, em 2016.

Colheita mecanizada de arroz no município de Dona Francisca, no estado do Rio Grande do Sul, em 2017.

1 Converse com os colegas e o professor: Em que situações são usados os equipamentos das fotos 1 e 2?

2 O campo produz alimentos para toda a população urbana e fornece matérias-primas à indústria.

   a) Em grupo, façam uma lista dos itens da sua alimentação que vêm do campo.

   _____

   _____

   b) Ainda em grupo, façam outra lista de produtos não alimentícios retirados da natureza, de áreas de cultivo ou de criações animais.

   _____

Os seres humanos sempre utilizaram recursos da natureza para produzir aquilo de que necessitavam.

Há milhares de anos, grupos humanos começaram a criar técnicas para fabricar utensílios a fim de usar no seu dia a dia, como lanças, facas, potes de barro para guardar água, etc.

Hoje em dia chamamos artesanato todo trabalho manual que usa recursos da natureza como matéria-prima. O artesão muitas vezes trabalha sozinho, utilizando técnicas e ferramentas tradicionais, como lixas, martelo, torno, máquinas de costura, etc.

Sugestão de...
Livro
Imitando as formigas. Rosicler Grudzien, Mundo Mirim.

3 Observe as imagens e leia as legendas a seguir.

Artesão usando torno para produção de cerâmica, em Belém, no estado do Pará. Foto de 2015.

Artesã trabalhando com lã de carneiro, em Tibagi, no estado do Paraná. Foto de 2014.

Artesão esculpindo em madeira, em Bueno Brandão, no estado de Minas Gerais. Foto de 2016.

- Preencha o quadro abaixo. Se precisar, peça ajuda a um adulto que você conheça.

Nome de um produto artesanal que você conhece	
A matéria-prima usada para fazer esse produto artesanal	
Ferramenta utilizada para sua produção	
Produto artesanal que você sabe fazer	

O trabalho e a indústria

As indústrias instalaram-se no Brasil há pouco mais de cem anos. No início, elas estavam localizadas principalmente na cidade de São Paulo, que já contava com energia elétrica para iluminação pública, meios de transporte e dinheiro conseguido com a venda de café.

Para o funcionamento das fábricas, eram necessárias muitas pessoas. Grande parte delas vinha de outros países: eram imigrantes. Atualmente, em quase todos os lugares do mundo, os produtos industriais são mais utilizados que os artesanais.

Observe as fotos.

Imigrantes italianas trabalhando em fábrica de chapéus, na cidade de São Paulo, em cerca de 1930.

Fábrica de ar-condicionado, em Manaus, no estado do Amazonas. Foto de 2017.

1 Converse com os colegas: Observando as imagens, como vocês podem identificar a fábrica mais antiga?

2 Por que as indústrias se instalaram primeiro na cidade de São Paulo?

3 Há indústrias perto de onde você mora? Caso haja, o que elas fabricam?

O comércio

Para ter os produtos de que necessitam, as pessoas recorrem ao **comércio**. Os produtos podem ser vendidos em lojas, feiras, mercados, bancas nas ruas ou pela internet. A compra de produtos é feita com dinheiro ou outros meios de pagamento, como cheques ou cartões magnéticos.

Há milhares de anos, porém, não havia dinheiro. As pessoas trocavam seus produtos por outros. Alguns produtos que eram mais raros ou importantes foram utilizados como mercadoria de troca. Um deles foi o sal, de onde vem o termo que usamos para pagamento de serviços: **salário**. Com o tempo, passaram a ser usadas as moedas de metal e, mais tarde, as cédulas de papel.

Leia o depoimento de dona Leonor, de 85 anos, e observe a imagem.

O armazém

Perto de casa, havia o Armazém Santana, onde comprávamos produtos que não fazíamos em casa, como sal ou farinha. Pão, queijo, manteiga, doces, linguiça, sabão e tantas outras coisas eram feitos em casa mesmo.

Alguns vendedores ofereciam seus produtos na porta das casas: frutas, vassouras, lamparinas. Mas quem nos trazia um mundo encantado era o **mascate**, quando abria sua mala repleta de coisas maravilhosas.

Trecho do depoimento de Leonor Garcia Ramos às autoras, 2005.

● **mascate:** vendedor ambulante que vai onde estão os compradores para oferecer seus produtos ou entregar encomendas; vendedor de porta em porta.

Armazém em Lençóis Paulista, no estado de São Paulo, em 1908.

1. Converse com uma pessoa idosa e faça as perguntas abaixo. Depois, anote em seu caderno as informações obtidas.

a) Onde sua família fazia compras quando você era pequeno?

b) O que sua família comprava? E o que produzia em casa?

c) O que mudou daquele tempo até hoje?

Desde a época em que dona Leonor era criança até hoje, o comércio mudou muito. Ainda existem pequenos estabelecimentos comerciais, mas atualmente comércios grandes como *shopping centers* e hipermercados são mais comuns, principalmente nas cidades médias e nas grandes. Há também os vendedores ambulantes (ou camelôs), responsáveis por parte do comércio nas cidades. Também é possível vender e comprar pela internet, recebendo o produto em casa.

Ambulante vende pipoca em parque público de Porto Alegre, no estado do Rio Grande do Sul. Foto de 2016.

Área interna de *shopping center* no Recife, no estado de Pernambuco. Foto de 2017.

2 Em quais estabelecimentos comerciais você e sua família costumam fazer compras? Converse com seus colegas.

3 Quais produtos os vendedores ambulantes da sua cidade costumam vender?

Minha coleção de palavras em História

A palavra a seguir aparece várias vezes neste capítulo:

COMÉRCIO

1. Quais as vantagens e as desvantagens de fazer compras pela internet? Discuta com os colegas.

2. Discuta com os colegas sobre os diversos tipos de comércio que estudamos e descreva os que você mais frequenta.

As ruas são espaços públicos, ou seja, pertencem a todos. A profissão de vendedor ambulante é muito antiga e até hoje é comum vermos todo tipo de produto ser vendido nas ruas. Observe as fotografias.

Vendedores ambulantes no centro da cidade de São Paulo, em 1955.

Vendedor ambulante na praia em Florianópolis, no estado de Santa Catarina, em 2015.

4 Perto da escola onde você estuda ou da sua casa há esse tipo de comércio?

Assim também aprendo

- Observe o cartum abaixo.

Cartum de João Galvão. Setembro de 2017.

a) Onde estão os personagens?

b) Quais produtos são vendidos nesse lugar?

Os espaços de circulação na cidade

As ruas das cidades são espaços públicos que servem para a circulação de pessoas e de mercadorias, por isso são muito importantes para o trabalho e os trabalhadores. Por elas passam caminhões, ônibus, motos, bicicletas e carros, entre outros. Nas grandes cidades há também o trem metropolitano e o metrô, que transportam muitas pessoas ao mesmo tempo.

pavimentadas: com revestimento como asfalto, concreto, etc.

As ruas também são espaços para o encontro e a convivência com outras pessoas e podem ser diferentes entre si: largas, estreitas, movimentadas, calmas, pavimentadas, arborizadas ou ainda de outros tipos. Observe as fotos.

1. Tráfego de veículos na orla da Praia de Camburi, em Vitória, no estado do Espírito Santo. Foto de 2016.

2. Calçadão com ciclovia em praia da cidade de Maceió, no estado de Alagoas. Foto de 2015.

3. Trecho da rodovia BR-163, às margens da cidade de Trairão, no estado do Pará. Foto de 2017.

4. Rua comercial no centro da cidade de Catalão, no estado de Goiás. Foto de 2015.

1 Há diferenças no trânsito das ruas mostradas nas fotografias? Explique.

_____

2 Qual dessas ruas mais se parece com a rua da escola onde você estuda?

_____

Hoje, muitas ruas das cidades grandes são barulhentas e perigosas por causa do trânsito de veículos.

3 Leia uma nova versão da canção "Se essa rua fosse minha".

Se essa rua fosse minha

Se essa rua fosse minha,
não mandava ladrilhar,
não deixava botar pedras,
não deixava asfaltar.
Deixaria o chão de terra,
ou talvez plantasse grama.
Encheria as calçadas de flores,
um vasinho em cada poste.
Margarida, amor-perfeito,
azaleia, dália e rosa.
E na janela de cada casa um gerânio
ou quem sabe umas violetas.
[...]

AMOS, Eduardo. **Se essa rua fosse minha**. São Paulo: Moderna, 2008.

a) Compare essa versão com a versão original da canção "Se essa rua fosse minha" e responda: Por que o autor não quer asfaltar a rua?

b) Como são as ruas na sua cidade?

c) Sob a orientação do professor, com um colega, façam uma lista com tudo o que uma rua precisa ter para ser ideal para vocês.

Deslocamentos e meios de transporte

Para trabalhar, fazer compras, passear, estudar, fazer visitas ou por outros motivos, as pessoas se locomovem dentro da cidade, entre a zona urbana e a zona rural do município, ou mesmo de uma cidade a outra. Para isso elas usam diferentes meios de transporte, que podem ser individuais ou coletivos.

Atualmente, há várias maneiras de ir de um lugar a outro nas cidades. Observe as fotos a seguir.

coletivos: meio de transporte utilizável por várias pessoas ao mesmo tempo.

As pessoas podem utilizar carros em ruas e avenidas. Na foto, avenida em Manaus, no estado do Amazonas, em 2016.

O metrô também é um meio de transporte bastante utilizado nas grandes cidades. Na foto, estação de metrô na cidade do Rio de Janeiro, no estado do Rio de Janeiro, em 2015.

A maioria das pessoas usa transportes coletivos, como os ônibus. Na foto, passageiros embarcam em ônibus urbano, em Marataízes, no estado do Espírito Santo, em 2016.

A bicicleta é um veículo bastante utilizado nas cidades do mundo todo. O uso das ciclovias, como esta localizada na cidade de São Paulo, no estado de São Paulo, garante a segurança de quem utiliza a bicicleta para se locomover. Foto de 2015.

Observe também estas fotos de cidades à beira de rios ou à beira-mar. Seus moradores podem usar navios, barcos e canoas como meio de transporte, tanto para pessoas como para mercadorias.

Barco regional utilizado para transporte de cargas e de passageiros, no rio Tocantins, em Tucuruí, no estado do Pará. Foto de 2017.

Barca utilizada para transporte entre as cidades do Rio de Janeiro e de Niterói, no estado do Rio de Janeiro. Foto de 2016.

1 Quais meios de transporte são mais utilizados para o transporte de mercadorias na cidade em que você vive?

2 Preencha o quadro com os meios de transporte que aparecem nas fotos desta página e da página anterior. Escreva também o nome de outros que você conhece.

Meios de transporte	
Coletivos	Individuais

Alguns meios de transporte coletivos são mais rápidos, outros são mais econômicos, outros ainda são menos poluentes. Esses meios de transporte estão relacionados a alguns espaços públicos, que todas as pessoas podem usar.

Veja esses espaços públicos nas fotos abaixo.

1. Estação de trem em Juazeiro do Norte, no estado do Ceará, em 2015.

2. Terminal de ônibus em Chapecó, no estado de Santa Catarina, em 2015.

3. Estação de metrô em Salvador, no estado da Bahia, em 2015.

4. Porto localizado na cidade de Santarém, no estado do Pará, em 2016.

5. Aeroporto Internacional em São Gonçalo do Amarante, no Rio Grande do Norte, em 2015.

6. Ponto de táxi na cidade de Joinville, no estado de Santa Catarina, em 2017.

3 Agora, siga as instruções e descubra o nome de um meio de transporte.

a) Se o meio de transporte mais rápido estiver na foto 5, escreva a letra **T** no primeiro quadrinho abaixo. Se estiver na foto 4, escreva a letra **B**.

b) Se o meio de transporte da foto 3 polui muito o ar, escreva a letra **C** no segundo quadrinho. Se polui pouco ou não polui nada, escreva a letra **R**.

c) Se o meio de transporte que pode atravessar oceanos está na foto 4, escreva **E** no terceiro quadrinho. Se está na foto 3, escreva **O**.

d) Se os meios de transporte que aparecem nas fotos 2 e 6 andam sobre trilhos, escreva **Z** no último quadrinho. Se não andam, escreva **M**.

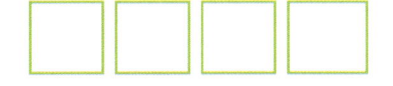

Tecendo saberes

Um problema muito comum nas grandes cidades são as enchentes e as doenças que elas podem transmitir.

Leia abaixo um texto sobre como o uso da tecnologia pode ajudar populações em situações como essas.

Prefeitura de Marechal, no estado de Alagoas, vai lançar tecnologia para monitorar sintomas e doenças causados pelas chuvas

Pensando em ampliar o contato com a população atingida, a Secretaria Municipal de Saúde passará a usar uma tecnologia de **monitoramento** da população, realizada por meio de mensagens enviadas aos celulares. [...] Todas as informações recebidas da população, que poderão responder às perguntas por mensagens e de forma gratuita, serão encaminhadas às enfermeiras, que conduzirão equipes para visitar as famílias com suspeita de alguma das doenças.

• **monitoramento:** acompanhamento da população para evitar ou resolver os problemas.

[...]

As doenças [...] decorrentes do contato com a água ou a lama das enchentes podem causar febre, dor muscular, náuseas e dor de cabeça. Nesse caso, a população deve procurar um médico e relatar que teve contato com a água dos alagamentos.

Uma das doenças que podem surgir após o período de chuvas é a hepatite A, que pode ser transmitida pela água misturada com esgoto humano. As enchentes também aumentam o risco de diarreia aguda, causada por bactérias, vírus e parasitas, além da febre tifoide, causada pela *Salmonella typhi*, bactéria encontrada nas fezes de animais. Outra grande preocupação é com a leptospirose, que quando não diagnosticada a tempo pode agravar muito o estado do paciente.

ASSOCIAÇÃO DOS MUNICÍPIOS ALAGOANOS (AMA). Prefeitura de Marechal vai lançar tecnologia para monitorar sintomas e doenças causados pelas chuvas. Disponível em: <http://www.marechaldeodoro.al.gov.br/2017/06/prefeitura-de-marechal-vai-lancar-tecnologia-para-monitorar-sintomas-e-doencas-causadas-pelas-chuvas/>. Acesso em: 18 dez. 2019.

Observe, na próxima página, um cartaz que mostra sintomas de doenças causadas por enchentes e alguns cuidados que devem ser tomados em casos de inundações.

Cartaz da prefeitura de São Paulo sobre sintomas de doenças e cuidados que devem ser tomados após enchentes.

1 Quais são os sintomas das doenças provocadas por enchentes?

_____

_____

2 Esses sintomas são de quais doenças transmitidas por enchentes?

_____

_____

3 Com a ajuda do professor, reúna-se com seus colegas e pesquisem quais são as campanhas realizadas pela Secretaria de Saúde em sua cidade. Recolham materiais e produzam um cartaz para ser exposto na sala de aula.

Capítulo 8

A vida não é só trabalho...

Você sabe o que é lazer?

Para iniciar

Leia os versos a seguir, extraídos de uma canção.

A banda

Estava à toa na vida
O meu amor me chamou
Pra ver a banda passar
Cantando coisas de amor

[...]

O homem sério que contava dinheiro parou
O **faroleiro** que contava vantagem parou
A namorada que contava as estrelas parou
Para ver, ouvir e dar passagem

[...]

A marcha alegre se espalhou na avenida e insistiu
A lua cheia que vivia escondida surgiu
Minha cidade toda se enfeitou
Pra ver a banda passar
Cantando coisas de amor

[...]

BUARQUE, Chico. A banda. In: **Chico Buarque de Hollanda**. São Paulo: RGE, 1966. Faixa 1.

faroleiro: palavra que se usava antigamente para pessoas que contavam "farol", isto é, contavam vantagem.

1 O que aconteceu quando a banda passou?

2 Você já viu uma banda como a da ilustração?

3 Podemos dizer que a canção descreve um momento de lazer? Explique.

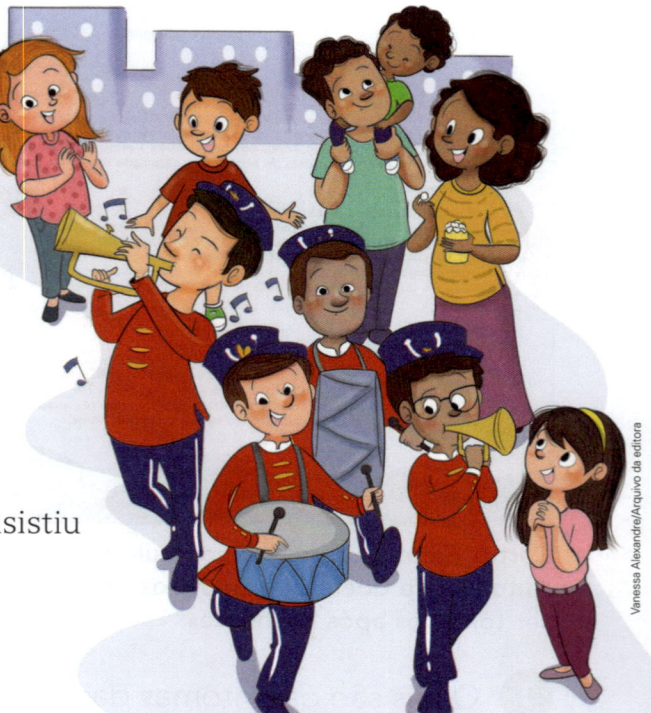

Formas de lazer

O lazer é um direito fundamental de todos, assim como a saúde e a educação. É um momento de folga, descanso, relaxamento e diversão.

Existem muitas formas de lazer: jogos, brincadeiras, assistir a um filme ou a um *show*, ler um livro, desenhar, pintar e conversar com os amigos, entre outras.

Os esportes são a principal forma de lazer para muitas pessoas.

Vôlei, basquete, natação, atletismo, ciclismo são algumas modalidades esportivas. No Brasil, o futebol é um esporte muito popular.

Sugestões de...
Livro
1 drible, 2 dribles, 3 dribles: manual do pequeno craque cidadão. Marcelo Rubens Paiva, Companhia das Letrinhas.
Site
Museu do Futebol. Disponível em: <www.museudofutebol.org.br/>.

Partida de futebol em Clevelândia, no estado do Amapá, em 1925.

Partida de futebol feminino na Copa do Mundo de 2019, na França.

1 Troque ideias com os colegas: Você gosta de praticar esportes? Qual?

2 No Brasil, são praticados vários esportes em equipe. Cite exemplos.

Saiba mais

O futebol é uma forma de esporte e também de lazer, tanto para quem joga com os amigos como para quem vê a partida. Conheça algumas gírias desse esporte.

> Caneta = passar a bola por entre as pernas do adversário e pegá-la do outro lado.
> Chapéu = passar a bola por cima da cabeça do adversário e pegá-la do outro lado.
> Frango = gol desmoralizante para o goleiro.
> Pedalada = passar várias vezes a perna sobre a bola.
> Perna de pau = jogador que não leva muito jeito para o futebol.

Você conhece outras palavras ligadas ao futebol? Compartilhe com a turma.

De olho na imagem

Atividades em contato com a natureza também são uma forma de se divertir e descansar.

Há cerca de cem anos, os médicos aconselhavam banhos de mar para o tratamento de algumas doenças. Aos poucos, porém, ir à praia passou a ser uma forma de lazer para muita gente.

Família em banho de mar na cidade de Santos, no estado de São Paulo, por volta de 1920.

Pessoas aproveitam o dia na praia do Farol da Barra em Salvador, no estado da Bahia, em 2016.

1 Quais são as diferenças e as semelhanças entre as duas fotos acima?

_____
_____
_____
_____

2 Conte aos colegas: o que você gosta ou gostaria de fazer na praia?

Em algumas regiões do Brasil, as pessoas costumam pescar, brincar e nadar em rios, lagoas e cachoeiras. Muitos rios do interior do Brasil possuem praias que atraem a população. Mas essa prática precisa ser realizada de forma segura e sempre em companhia de adultos.

Também é comum as pessoas se divertirem em piscinas públicas ou particulares.

1 Cachoeira no rio Laranja Doce, no interior do estado de São Paulo, em 1954.

2 Praia fluvial em balneário público na beira de rio, em Rio Preto da Eva, no estado do Amazonas, em 2016.

3 Piscina pública no Parque Radical de Deodoro, no estado do Rio de Janeiro. Foto de 2015.

4 Poluição no igarapé do Mindu, em Manaus, no estado do Amazonas. Foto de 2015.

3 Quais fotos apresentam um costume antigo que ainda existe em alguns lugares do Brasil?

_____

4 Hoje em dia quase não é mais possível nadar em muitos rios do Brasil, principalmente nos que atravessam as cidades. Por que isso acontece?

_____
_____
_____

5 Na sua cidade há praias ou rios? Eles são utilizados como forma de lazer? Converse com os colegas e o professor.

Espaços públicos de lazer

Os parques e as praças são locais públicos e, por isso, são importantes áreas para convivência da população das cidades.

Esses lugares podem ter espaços para caminhar, brinquedos para crianças, locais para a prática de esportes e áreas para descanso ou piqueniques. Também é comum terem muitas árvores.

Pessoas em parque público, na cidade de Teresina, no estado do Piauí. Foto de 2015.

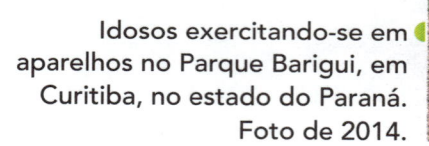

Idosos exercitando-se em aparelhos no Parque Barigui, em Curitiba, no estado do Paraná. Foto de 2014.

1 Na sua cidade há parques e praças públicas?

_____

_____

2 Você costuma frequentar esses lugares?

_____

_____

3 Esses lugares são bem conservados?

_____

_____

A bicicleta, além de ser um brinquedo para as crianças, é usada em atividades esportivas ou como meio de transporte por adolescentes e adultos. Seja como for, para andar de bicicleta é preciso ter segurança e respeitar os espaços para o seu uso, seja nos parques ou ciclovias pela cidade. Também é importante utilizar equipamentos de proteção.

4 Observe as fotos abaixo e, depois, faça as atividades que seguem.

a) Circule a foto mais atual.

b) Como você imagina a bicicleta do futuro? Desenhe em seu caderno como ela seria.

5 Forme dupla com um colega e faça a ele as perguntas abaixo. Anote as respostas no local indicado. Depois, siga as orientações do professor para organizar um mural com as respostas.

a) Quais são as formas de lazer de sua família?

_____

_____

b) Qual é a sua forma de lazer predileta?

_____

_____

c) Sob a orientação do professor, organize com os colegas um mural com o nome de todas as formas de lazer que vocês encontrarem. Vocês também podem pesquisar figuras para ilustrar o mural.

Saiba mais

Há formas de lazer que surgiram recentemente e outras que existem há milhares de anos. Algumas delas foram se modificando com o tempo.

Veja algumas formas de lazer que se modificaram com o tempo.

Fotografias

Hoje as fotos podem ser vistas no instante em que são tiradas. As fotografias feitas com telefones celulares podem ser publicadas nas redes sociais logo após serem tiradas. Antes da foto digital, as máquinas fotográficas funcionavam com filmes que tinham de ser revelados em laboratórios para que as fotos pudessem ser vistas.

Máquina fotográfica com filme.

Menino em carrinho de rolimã na cidade de São Paulo, no estado de São Paulo, no ano de 1965.

Brincadeiras de rua

No passado, o lazer das crianças, depois da escola, eram as brincadeiras de rua, como pular corda, jogar amarelinha, andar de carrinho de rolimã, entre outras. Essas brincadeiras ainda existem, mas em grande parte foram substituídas por atividades dentro de casa e que usam tecnologia.

Ouvir músicas e histórias

As crianças ouviam músicas e histórias pelos toca-discos. Também eram comuns os livros com disquinhos musicais que narravam histórias. Veja a fotografia ao lado. O toca-discos é bem diferente dos dispositivos digitais de música que utilizamos hoje!

Toca-discos de 1954, exposto no Museu Histórico Municipal de Sete Lagoas, no estado de Minas Gerais.

Na tela do cinema

Você vai ao cinema hoje e já pensa no lançamento do filme em DVD ou quando ele ficará disponível para ser visto *on-line*. Há trinta anos, assistir ao filme de novo só era possível voltando ao cinema.

Pessoas assistem a filme em cinema na cidade do Rio de Janeiro, em cerca de 1921.

Você conhecia essas formas de lazer? De qual delas você gosta mais?

6 As imagens a seguir mostram outras formas de lazer de antigamente.

Eram comuns os passeios e os piqueniques nos fins de semana. Jovens fazem piquenique no estado de São Paulo, em 1908.

As famílias iam à praça ouvir bandas de música que se apresentavam no coreto. Cartão-postal de 1910 que retrata a Praça Olímpio Campos, em Aracaju, no estado de Sergipe.

- As formas de lazer apresentadas nas imagens são praticadas por você e sua família?

7 Leia o texto e depois responda às perguntas que seguem.

Na porta das casas

[...] Meu pai deixava ordem para nos recolhermos às sete. Minha irmã e eu fazíamos a lição depois do jantar e deitávamos cedo. A rotina só era quebrada nas noites quentes, quando os homens puxavam as cadeiras para a calçada e se sentavam a cavalo nelas, de camiseta sem manga [...].

Passavam horas conversando, com a criançada em volta brincando de amarelinha, esconde-esconde, pular sela e mãe da rua.

Depois de lavar a louça, também as mulheres vinham "apanhar um ar", como diziam. [...]

VARELLA, Drauzio. **Nas ruas do Brás**. São Paulo: Companhia das Letrinhas, 2011.

a) Como as pessoas do texto se divertiam à noite?

b) O que você e seus familiares fazem depois do jantar?

Do circo à internet

Quando ainda não havia internet nem televisão, as pessoas ouviam mais o rádio e iam mais aos bailes, às praças, ao cinema, ao circo, entre outros tipos de lazer.

Algumas formas antigas de lazer ainda são comuns hoje em dia e não sofreram muitas mudanças. Observe as fotos.

Famílias passeando na praça da República, em Belém, no estado do Pará, em 2017.

Palhaço se apresenta em circo a céu aberto na Praça Franklin Roosevelt em São Paulo, no estado de São Paulo, em 2015.

Idosos dançando em baile da terceira idade realizado em São Paulo, no estado de São Paulo, em 2016.

1. Quais são as formas de lazer representadas nas fotos acima?

_____

2. Há em sua comunidade algumas dessas formas de lazer? Quais?

_____

3. Quais são as formas de lazer preferidas pelos idosos da sua comunidade?

_____

O circo

O circo é uma forma de lazer muito antiga. As companhias iam de cidade em cidade oferecendo muitas atrações aos adultos e às crianças: equilibristas, palhaços, trapezistas, bailarinas, etc.

Observe a pintura e leia o poema com seus colegas e o professor.

Sugestão de...
Livro
A excêntrica família Silva. Karen Acioly, Rocco.

O circo, pintura de João Francisco Gomes (óleo sobre tela, 40 cm × 58 cm), 1988.

Isso sim que é vida boa

Eu queria ser de circo,
ai, que vida original!
Trabalhar todas as noites,
divertindo o pessoal.
Os aplausos da plateia,
toda aquela vibração,
sempre novas gargalhadas,
sempre mais animação!
[...]

Isso sim que é profissão,
não conheço outra melhor.
Pois é isso que eu vou ser,
logo quando eu for maior.
Só não sei o que faria,
que função ia escolher.
Pois um circo é variado,
tanta coisa tem pra ser.
[...]

BANDEIRA, Pedro. **Cavalgando o arco-íris**. São Paulo: Moderna, 2002.

1 Troque ideias com seus colegas:

a) Você já viu um espetáculo de circo? Como foi?

b) Se você fosse um profissional do circo, qual atividade escolheria?

2 Em uma folha à parte, desenhe um circo. O professor vai compor um mural com o seu desenho e os dos colegas.

Os parques

Os parques de diversões oferecem muito lazer aos frequentadores. Alguns têm roda-gigante, sorveteiros, barracas de tiro ao alvo e de outros jogos. Os parques maiores contam com montanhas-russas e diversos brinquedos.

● Leia o texto e observe a imagem.

Roda-gigante em parque público na cidade de Brasília, no Distrito Federal. Foto de 2014.

O Parque Antártica

[...] Grande programa, o maior, o melhor de todos para mim. [...]

Ai, que frio no estômago, ao subir na roda-gigante!

E o carrossel? [...]

E os trenzinhos puxados a burro, circulando pelo parque todo? As carrocinhas arrastadas por bodes e carneiros? Os pirulitos de todos os formatos e cores? As bolas de ar, subindo lá no céu, presas por um barbante? [...]

GATTAI, Zélia. **Anarquistas, graças a Deus**. São Paulo: Companhia das Letras, 2009.

• Preencha o quadro abaixo com os nomes dos brinquedos citados no texto e com outros que você conheça.

Brinquedos de parque de diversões que existiam apenas no passado	
Brinquedos de parque de diversões que existiam no passado e ainda hoje existem	
Brinquedos modernos de parque de diversões	

O cinema

O cinema foi inventado no final do século XIX e, durante os últimos cem anos, tem sido umas das principais formas de lazer nas cidades.

Até pequenas cidades contavam com sala de cinema. Nas grandes cidades, havia salas de cinema para mais de mil pessoas. Hoje as salas são menores e cada vez mais modernas.

Com a televisão, os aparelhos de DVD e os serviços de *streaming* na internet, muita gente deixou de ir ao cinema para assistir a filmes em casa.

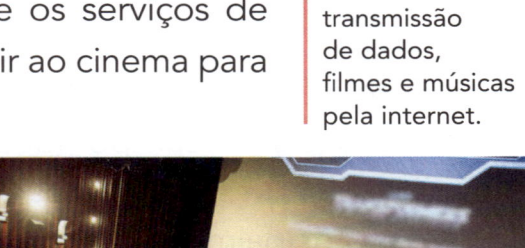

● *streaming*: forma de transmissão de dados, filmes e músicas pela internet.

Cineteatro Santa Helena, na cidade de São Paulo, no estado de São Paulo, em 1935.

Sala de cinema moderna, na cidade de São Paulo, no estado de São Paulo, em 2017.

1 Você já foi ao cinema? Há salas de cinema na região onde você mora?

_____

2 A que filmes você já assistiu?

_____

_____

_____

3 De que tipo de filme você mais gosta?

_____

4 Você assiste mais a filmes na televisão, no cinema ou pela internet?

_____

A internet

A internet é um dos maiores resultados do desenvolvimento tecnológico dos dias atuais.

Entre as suas utilidades mais conhecidas estão auxiliar nos estudos e nas pesquisas, fornecer e partilhar rapidamente todo tipo de informação, localizar-se e pesquisar locais por meio de mapas *on-line*, fazer compras, jogar e se comunicar com pessoas de qualquer parte do mundo.

Pessoas usam computador na Biblioteca Nacional Britânica, no Reino Unido, em 2019.

Usada principalmente no computador ou em telefones celulares, a internet modificou a maneira como as pessoas se relacionam umas com as outras e utilizam as suas horas de lazer.

Assim também aprendo

A tirinha abaixo descreve uma situação muito comum hoje em dia.

A vida sem internet. Disponível em: <http://mulher30.com.br/2014/02/a-vida-sem-internet.html>. Acesso em: 11 out. 2017.

1. Na sua casa vocês costumam usar a internet para fazer pesquisas?

_____

_____

2. Que outras ferramentas de pesquisa você conhece?

_____

_____

3. Discuta com os colegas: O que as pessoas faziam para se divertir, se comunicar e pesquisar antes da internet?

São diversas as formas de se divertir com a internet: jogos para um, dois ou vários jogadores, músicas, livros, aulas, filmes, *shows*, entrevistas, competições esportivas e outros entretenimentos. Podemos entrar em contato com pessoas no mundo todo através de *chats*, mensagens instantâneas, fotografias tiradas e enviadas em tempo real, *e-mails* e chamadas de voz e vídeo.

Crianças e adolescentes hoje fazem *blogs* (diários virtuais escritos) e *vlogs* (diários virtuais por vídeo) e neles narram suas ideias, sentimentos e acontecimentos.

É preciso, porém, ter cuidado ao usar a internet. O seu uso exagerado prejudica o estudo, reduz o convívio com a família e os amigos, o contato com a natureza e as atividades físicas.

1. Qual é o seu lazer preferido na internet?

2. Para você, qual é a melhor forma de lazer de todos os tempos?

Minha coleção de palavras em História

A palavra a seguir é muito importante para o estudo de História.

PERMANÊNCIA

1. O que mudou e o que permaneceu na escola onde você estuda durante o ano letivo?

2. Complete o texto abaixo com as palavras do quadro.

TRANSFORMAÇÕES   MUDANÇAS   PERMANÊNCIAS   TEMPO

Quando estudamos o passado, é comum percebermos _____ e também _____ nos costumes e no modo de viver das pessoas. Isso nos mostra que muitas _____ ocorrem com o passar do _____, mas muitas coisas podem continuar mais ou menos iguais.

3 Pergunte a seus familiares ou amigos a que tipo de programa eles mais gostam de assistir na televisão: noticiários, esportes, filmes, novelas, programas de auditório, desenhos animados, documentários ou programas musicais.
Anote as informações que conseguir em uma folha à parte.

4 Sob a orientação do professor, conte quantas pessoas gostam de cada tipo de programa e preencha o gráfico a seguir com as informações coletadas. Assim, você vai descobrir quais são os programas mais vistos pelos seus entrevistados.

Número de pessoas	Noticiários	Esportes	Filmes	Novelas	Programas de auditório	Desenhos animados	Documentários	Programas musicais
10								
9								
8								
7								
6								
5								
4								
3								
2								
1								

Neste capítulo você viu como eram alguns tipos de lazer há alguns anos.

5 Converse com um adulto e peça a ajuda dele para pesquisar imagens de uma forma de lazer de quando ele era criança. Depois, pesquise imagens de formas de lazer suas, atuais. Use a internet, revistas ou fotos. Cole as imagens que conseguir nos espaços abaixo.

Há mais de 30 anos

Hoje

O que estudamos

Eu escrevo e aprendo

Folheie as páginas anteriores e relembre o que estudou. Depois, escreva nos quadros abaixo uma frase sobre algo que aprendeu nesta unidade e que antes não sabia.

Capítulo 7 – O trabalho através do tempo

_____
_____
_____

Capítulo 8 – A vida não é só trabalho...

_____
_____
_____

Minha coleção de palavras em História

Em cada capítulo desta unidade, há uma palavra destacada para a **Minha coleção de palavras em História**. São palavras comuns em textos de História e vão ajudar você a compreender melhor todos eles. Veja quais são essas palavras no quadro ao lado.

COMÉRCIO, página 121.

PERMANÊNCIA, página 143.

1. O que você aprendeu com essas duas palavras? Discuta com os colegas.

2. No caderno, escreva essas duas palavras e o significado de cada uma delas. O significado deve ter relação com o que você aprendeu no capítulo.

Eu desenho e aprendo

Agora vamos trabalhar a **linguagem gráfica**. Escolha um trabalho ou uma atividade de lazer que tenha se modificado muito com o tempo. Pesquise na internet, em livros e revistas e desenhe ou cole imagens que demonstrem essa mudança.

Hora de organizar o que estudamos

Desde os tempos mais antigos, os seres humanos precisaram construir abrigos, procurar e preparar alimentos, plantar, cuidar dos animais, etc. Quando começaram a praticar a agricultura, usavam a própria força, instrumentos simples e domesticaram animais para o trabalho. Pouco a pouco, novos instrumentos, equipamentos e novas técnicas foram criados.

Colheita mecanizada de arroz no município de Dona Francisca, no estado do Rio Grande do Sul, em 2017.

As profissões e os trabalhos se modificam com o tempo. Hoje em dia, existem vários tipos de trabalho, que podem ser exercidos tanto por mulheres como por homens.

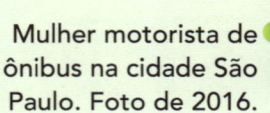

Mulher motorista de ônibus na cidade São Paulo. Foto de 2016.

O lazer é um direito de todos. Estudar ou trabalhar é importante, mas também é importante descansar e se divertir.

Pessoas aproveitam o dia na praia do Farol da Barra em Salvador, no estado da Bahia, em 2016.

As indústrias instalaram-se no Brasil há pouco mais de cem anos. No início, elas estavam localizadas principalmente na cidade de São Paulo, onde já existia energia elétrica, iluminação pública e meios de transporte.

Fábrica de ar-condicionado, em Manaus, no estado do Amazonas. Foto de 2017.

O comércio também se modificou com o tempo. Antigamente, as pessoas produziam em casa muito do que utilizavam. Hoje, compramos em estabelecimentos comerciais ou pela internet quase tudo o que usamos no dia a dia.

Área interna de shopping center no Recife, no estado de Pernambuco. Foto de 2017.

Algumas formas de diversão do passado continuam a existir, como o futebol. Outras se modificaram, como o hábito de assistir a filmes no cinema e de ir à praia.

Para refletir e conversar

- Na sua opinião, o que é mais importante: o trabalho ou o lazer? Explique.
- Será que todas as formas de lazer são acessíveis a todas as pessoas?
- O lazer é um direito garantido por lei a todos. Você acha isso importante? Explique.

Glossário

A

Awê (página 48)
Antigo ritual de música e dança da etnia pataxó. Hoje em dia esse ritual tem muitas coreografias, com diferentes significados. No awê, os Pataxó tomam uma bebida fermentada de grãos de milho moídos ou de cascas de frutas, como a do abacaxi.

B

Barroco (página 96)
Estilo de arte empregado na pintura, na arquitetura, na música, na literatura, no teatro e na decoração, a partir da segunda metade do século XVI até o século XVIII, no continente europeu, com influência no Brasil.

C

Colônia (página 90)
Território ocupado por outro país e mantido sob a autoridade e o governo dele.
Em geral, os produtos extraídos ou fabricados na colônia servem de fonte de renda para o país que a controla. O Brasil foi colônia de Portugal de 1500 a 1822.

Constituição (página 29)
Conjunto de leis (regras) que organizam um país. Uma Constituição deve definir os direitos dos cidadãos e limitar os poderes dos governantes.
A atual Constituição brasileira data de 1988. Sua promulgação (publicação) foi um marco para a democracia brasileira, pois ocorreu após um período de ditadura, no qual o povo não podia escolher seus governantes. Como essa Constituição devolveu aos brasileiros esse direito e concedeu muitos outros, ficou conhecida como "Constituição Cidadã".

D

Dialeto (página 64)
Variedade de uma língua, particular de uma região ou grupo.

G

Grupo social (página 11)
Conjunto de pessoas que interagem socialmente porque têm objetivos e interesses comuns. Têm também sentimento de identidade e pertencimento de grupo porque possuem contato constante.

I

Independente (página 65)
Livre; que tem autonomia política.

Inuíte (página 11)
Pessoa que pertence ao grupo indígena Inuíte e habita as regiões árticas do Canadá, do Alasca e da Groenlândia.

M

Mãe da rua (página 137)
Brincadeira na qual uma das crianças fica no meio de uma rua e as outras ficam em uma calçada e devem correr até a outra calçada sem que a que está no meio consiga pegá-las.

Metropolitano (página 123)
Próprio das grandes cidades (metrópoles).

Movimento Negro (página 33)
Movimento social que luta contra os preconceitos, o racismo e por melhores condições de vida e respeito para a população negra.

O

ONG (página 15)

Sigla para Organização Não Governamental. Organizações sem fins lucrativos que geralmente atuam de forma voluntária em defesa de uma causa, como os direitos humanos, a extinção do trabalho infantil ou a proteção do meio ambiente.

P

Paleontologia (página 93)

Estudo dos fósseis, isto é, dos restos ou vestígios petrificados de seres vivos, animais e vegetais, que habitaram a Terra há muito tempo.

Os primeiros seres vivos do planeta surgiram há milhões de anos. Muito tempo depois, começaram a se desenvolver as plantas, os insetos e os peixes. Novos tipos de vida vieram com os dinossauros, os répteis voadores, as primeiras aves de caudas compridas e dentes e, após muito tempo, as preguiças-gigantes. Mas todos esses seres desapareceram, e a única maneira de descobrir que existiram e que características tinham é por meio da Paleontologia.

Parque Nacional do Serengeti (página 69)

O Parque Nacional do Serengeti (ou Serengueti) é um grande parque no norte da Tanzânia e sul do Quênia, no leste da África. É Patrimônio Mundial da Unesco desde 1981. Nele vivem grandes mamíferos, como leões, hipopótamos, elefantes, leopardos, rinocerontes, girafas, antílopes e búfalos, além de hienas, chitas, macacos e muitos pássaros.

Patrimônio (página 88)

A casa, o automóvel, os eletroeletrônicos e todos os outros bens que uma pessoa tem formam o seu patrimônio. Uma empresa, uma cidade, um estado e um país também têm patrimônios.

O patrimônio cultural de um país é composto de obras de arquitetura e de arte e de manifestações culturais e técnicas acumuladas ao longo de sua história. Representa a identidade e a memória da nação.

Pecuária (página 100)

Atividade econômica ligada à criação e à reprodução de animais, como bois, porcos, carneiros, cabras e outros, para fornecer alimentos ao ser humano ou produtos à indústria.

Pular sela (página 137)

Brincadeira na qual os participantes saltam uns sobre os outros com as mãos apoiadas nas costas dos que estão agachados.

T

Trabalho manual (página 118)

Todo trabalho feito à mão, sem máquinas.

Potes de cerâmica feitos por um artesão em Belém, no estado do Pará. Foto de 2015.

U

Unesco (página 90)

Agência criada em 1946 para promover a colaboração internacional em educação, ciência e cultura. Faz parte da Organização das Nações Unidas (ONU), entidade que reúne quase todos os países do mundo.

Z

Zona rural (página 125)

Espaço do campo, não urbanizado, onde se planta, criam-se animais e se conserva o meio ambiente.

Zona urbana (página 125)

Espaço das cidades grandes com muitas construções e maior quantidade de pessoas.

Bibliografia

Nesta bibliografia não constam as referências de alguns livros dos quais foram transcritos trechos ao longo dos capítulos. Citamos as referências nos próprios textos por se tratar de fontes de leitura complementares.

BITTENCOURT, Circe. **Ensino de História**: fundamentos e métodos. São Paulo: Cortez, 2005.

_____ (Org.). **Dicionário de datas da história do Brasil**. São Paulo: Contexto, 2007.

_____. **O saber histórico na sala de aula**. 11. ed. São Paulo: Contexto, 2006.

BOSI, Ecléa. **Memória e sociedade**: lembranças de velhos. 3. ed. São Paulo: Companhia das Letras, 1994.

BRASIL. **Estatuto da Criança e do Adolescente**. Lei n. 8.069, de 13 de julho de 1990.

_____. Ministério da Educação. Secretaria de Educação Básica. **Ensino Fundamental de nove anos**. Brasília, 2006.

_____. Ministério da Educação. Secretaria de Ensino Fundamental. **Diretrizes Curriculares Nacionais para a Educação Básica**. Brasília, 2013.

_____. Ministério da Educação e do Desporto. Secretaria de Ensino Fundamental. **Parâmetros Curriculares Nacionais**. História/Geografia e Temas Transversais. Brasília, 1997.

BUENO, Eduardo. **A viagem do descobrimento**: a verdadeira história da expedição de Cabral. Rio de Janeiro: Objetiva, 2006.

CALDEIRA, Jorge. **Viagem pela História do Brasil**. São Paulo: Companhia das Letras, 1999.

CARRETERO, Mario et al. **Ensino da História e memória coletiva**. Porto Alegre: Artmed, 2007.

CASCUDO, Luís da Câmara. **Dicionário do folclore brasileiro**. São Paulo: Global, 2001.

COLL, César et al. **O construtivismo na sala de aula**. 6. ed. São Paulo: Ática, 2006.

CUNHA, Manuela Carneiro da (Org.). **História dos índios no Brasil**. São Paulo: Companhia das Letras, 1998

DUMONT, Savia. **O Brasil em festa**. São Paulo: Companhia das Letrinhas, 2008.

FRIEDMANN, Adriana. **Brincar, crescer e aprender**: o resgate do jogo infantil. São Paulo: Moderna, 1996.

HERNÁNDEZ, Fernando; VENTURA, Montserrat. **A organização do currículo por projetos de trabalho**. Porto Alegre: Artmed, 2000.

HOFFMAN, Jussara. **Avaliação – Mito & desafio**: uma perspectiva construtivista. 36. ed. Porto Alegre: Mediação, 2005.

KARNAL, Leandro (Org.). **História na sala de aula**: conceitos, práticas e propostas. 5. ed. São Paulo: Contexto, 2008.

LENSKIJ, Tatiana; HELFER, Nadir Emma (Org.). **A memória e o ensino da História**. Santa Cruz do Sul: Anpuh/RS, 2000.

MAINARDES, Rita de Cássia Milléo. **A arte de contar histórias**: uma estratégia para formação de leitores. Disponível em: <www.diaadiaeducacao.pr.gov.br/portals/pde/arquivos/338-4.pdf>. Acesso em: 27 jul. 2017.

MARTINS, João Carlos; NEMI, Ana Lúcia Lana. **Didática de História**: o tempo vivido. São Paulo: FTD, 1996.

MEIRIEU, Philippe. **Aprender... sim, mas como?** Porto Alegre: Artmed, 2000.

MELLO E SOUZA, Marina. **África e Brasil africano**. São Paulo: Ática, 2007.

MUNANGA, Kabengele. **Origens africanas do Brasil contemporâneo**. São Paulo: Global, 2009.

OLIVEIRA, Margarida M. Dias; STAMATTO, Maria Inês S. (Org.). **O livro didático de História**: políticas educacionais, pesquisas e ensino. Natal: Ed. da UFRN, 2007.

PAULA, Eunice Dias de et al. **História dos povos indígenas**: 500 anos de luta no Brasil. 7. ed. Petrópolis: Vozes/Cimi, 2001.

PERRENOUD, Philippe. **Avaliação**. Porto Alegre: Artmed, 1999.

_____. **10 novas competências para ensinar**. Porto Alegre: Artmed, 2000

PINSKY, Jaime et al. **O ensino de História e a criação do fato**. São Paulo: Contexto, 2009.

POZO, Juan Ignacio (Org.). **A solução de problemas**: aprender a resolver, resolver para aprender. Porto Alegre: Artmed, 1998.

RASSI, Sarah Taleb et al. **O Brasil também é negro**. Goiânia: Ed. da UCG, 2004.

ROIZMAN, Laura Gorresio; FERREIRA, Elci. **Jornada de amor à Terra**: ética e educação em valores universais. 2. ed. São Paulo: Palas Athena, 2006.

ROSSINI, Ester Rosa et al. **Ensino e educação com igualdade de gênero na infância e na adolescência**: guia prático para educadores e educadoras. São Paulo: NEMGE/CNPq, 2006.

SILVA, Aracy Lopes da; GRUPIONI, Luís Doniseti Benzi (Org.). **A temática indígena na escola**: novos subsídios para professores de 1º e 2º graus. Brasília: Ministério da Educação e do Desporto/Mari/Unesco, 2004.

VIEIRA, Maria do P. de Araújo et al. **A pesquisa em História**. São Paulo: Ática, 2008.

ZAMBONI, Ernesta. O ensino da História e a construção da identidade. **Revista de História**. Secretaria de Educação do Estado de São Paulo. Coordenadoria de Estudos e Normas Pedagógicas. São Paulo, 1993.

Sites

<www.dominiopublico.gov.br> (Biblioteca Digital)

<www.funai.gov.br>

<www.museudoindio.org.br>

<www.neab.ufpr.br> (Núcleo de Estudos Afro-brasileiros – Neab)

(Acesso em: nov. 2019.)